U0899785

江西文化
符号

江　西　文　化　符　号　丛　书

编委会

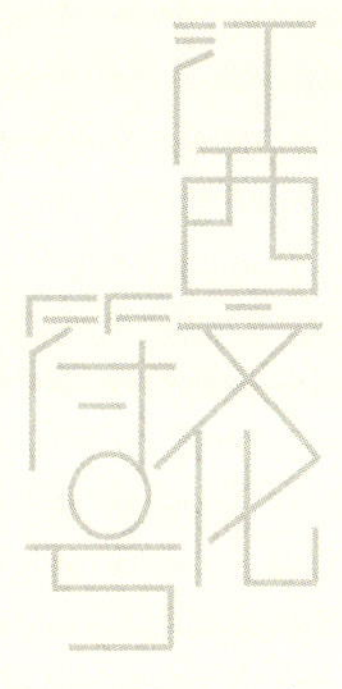

江　西　文　化　符　号　丛　书

科举文化

KEJU WENHUA

李梦星 / 著

江西美术出版社
江西人民出版社

江西·南昌

江西符号

出版前言

江西“物华天宝”“人杰地灵”“雄州雾列，俊采星驰”，是人文渊薮之地，文章节义之邦。

在历史的眷顾中，文明与智慧在这片古老而富饶的土地上激荡、交融、沉淀、升华，孕育了兼容并蓄、海纳百川、多元特质的江西文化，涌现出辉映史册的杰出人物，积淀了弥足珍贵的人文资源。在整个中华民族的文明史上，江西文化浓墨重彩、影响深远。宋明时期，全盛的江西文化更是成为中华民族文化的结晶和代表。新民主主义革命时期，江西是全国苏维埃运动的中心区域，成为中国革命胜利前进的伟大基地，红色文化璀璨辉煌。这些具有独特魅力的江西文化散发出馥郁的芬芳，蕴含着温润的力量，氤氲在历史的光阴中，汇聚在时代的大潮中，滋润着广袤的赣鄱大地，滋养着广大的江西儿女。

“文化是一个国家、一个民族的灵魂。”为了深入贯彻习近平新时代中国特色社会主义思想，特别是习近平总书记关于文化建设的重要论述，中共江西省委、省政府把文化强省作为重大战略，出台了《关于加快文化强省建设的实施意见》，明确提出到2025年，江西要建设成为在全国具有较大影响的文化强省。《江西文化符号丛书》的出版正是中共江西省委宣传部深入学习习近平新时代中国特色社会主义思想，贯彻落实党的二十大会议精神，推动文化强省建设的一项具体行动。

我们策划出版这套《江西文化符号丛书》的初衷，就是力图将江西符号与江西形象、文化自信和文化思考，一起熔冶进书中，通过底蕴深厚的文字与精美个性的画面，带领人们理解江西文化的内涵，感知江西文化的灵魂，借以给人们梳理出一个清晰的文化发展脉络，提供一个宽敞的文化游历空间，架构一座理解传统文化与先人智慧的桥梁，活化一种历史记忆和时代精神的生动传承。

《江西文化符号丛书》的出版是一项系统工程。丛书选取了相对立体的涵盖江西特色文化基本面的12种文化作为第一辑，已于2021年4月出版，即《红色文化》《山水文化》《陶瓷文化》《书院文化》《戏曲文化》《农耕文化》《商业文化》《中医药文化》8种特色文化，以及《临川文化》《庐陵文化》《豫章文化》《客家文化》4种地域文化。在此基础上我们又梳理出《青铜文化》《古村文化》

《科举文化》《理学文化》《佛禅文化》《道教文化》《书画文化》《赣菜文化》《茶文化》9种特色文化，以及《饶信文化》《袁州文化》《浔阳文化》3种地域文化，共12种，作为第二辑出版。这些都是在江西历史上经过时间检验，已经形成广泛影响，并在较大范围内获得公认的文化成就和文化现象，它们是一道光、一条路，引导人们向光而行，不断续写新的华章。

我们在编撰工作中紧紧围绕“正”“专”“新”“特”“精”“美”来精耕细作。“正”，是指传播正能量，把好政治导向关；“专”，是指既要雅俗共赏、通俗易懂，又要体现学术层面的专业性和权威性；“新”，是指所选内容，不但要注重文化源远流长的历史和发展特征，更要延伸这种文化的美好前景及其在当下生生不息的生命力；“特”，是指文化内容一定要选取最有特质、最有代表性的符号来讲述；“精”，是指选材精、表述精、制作精，以打造精品图书的标准来组织实施；“美”，是指图文并茂，精美雅致，让读者沉浸在美景美物的故事和文化意境中，怦然心动，产生共鸣。

从书的出版得到了领导和有关方面的高度重视和关心支持。中共江西省委常委、省委宣传部部长庄兆林同志对丛书的编撰亲自部署、具体指导。时任中共江西省委常委、省委宣传部部长施小琳同志，时任江西省人大常委会党组副书记、副主任朱虹同志，中共江西省委宣传部老领导刘上洋、姚亚平同志对丛书的编撰出版给予了悉心的指导。在丛书配图方面，江西省各设区市委宣传部以及江西画报社提供了有力的支持。在书稿审读过程中，中共江西省委党史研究室、江西省社会科学院、江西省文学艺术界联合会、江西省民族宗教事务局、江西省博物馆等众多单位以及南昌大学、江西师范大学等众多高校的专家学者提供了学术上的指导。丛书各册的作者克服了诸多困难，在相对较短的时间内，精心构建框架，广泛搜集资料，创新表达方式，倾情进行写作，为丛书的顺利出版付出了艰苦的努力、巨大的心力。丛书还参考了一些研究成果和图片资料，使用了省内部分摄影家的作品。在此，我们谨向所有支持、帮助过该丛书出版的领导、专家、学者致以衷心的感谢！

限于时间相对匆促，在编撰出版过程中，难免存在缺憾和不足，敬请广大读者批评指正！

丛书编委会

2023 年 1 月

目录

CONTENTS

第三章

鼎甲耀世

第四章

科举盛事

第五章

土沃根深

第六章

英名流芳

导言

科举，是我国隋朝以后各封建王朝设科考试以选拔官吏的制度，由分科举士得名，为我国独创的历史文化现象。

科举，是我国用人选士制度的伟大创造，是在汲取历代选官经验教训的基础上，革除其弊端而形成的。汉代选官制度有两种方式：第一种是“察举”，由地方官府的长官，在各自管辖的地区内考察、选拔需要的人才，推荐给朝廷。被选上的人经过考核，就可以做官。考核的办法主要是先试用，有政绩、有才能的就逐步升官，否则就发回乡里。有时也采用文字考试的方法来考核，但不常用，规模也不大。第二种是“征辟”，是高级官吏任用属员的一种制度。朝廷中的高官和地方州、郡长官，都可以自行征聘属员，然后再向朝廷推荐。皇帝自然也可以征聘人才。到了东汉，高官往往不从低级官员中升调，而直接征聘有名望的人担任。这两种选官制度的推行，选拔了各级大量人才，促进了汉朝的强盛，影响深远，但也带来了无法破解的难题，就是察举缺乏严格的评审标准，随意性较强，且察举权掌握在地方官员手中，朝廷缺乏主导权。久而久之，就产生了《后汉书·明帝纪》中所言的“选举不实，邪佞未去，权门请托，残吏放手”等弊端。到了东汉末年，朝廷日益腐败，社会动荡，察举制和征辟制受到破坏，难以实行。

到了魏晋时期，选官实行的是“九品中正制”。这是什么制度呢?就是推选各郡有名望的人，出任名为“中正”的官，各州设大中正，各郡设小中正，由朝廷委派。中正官把主管地区内的各类人才，评定为上、中、下三个等级，每个等级又分为上、中、下三品，共九个品级，叫作九品。然后按品级推荐到朝廷当官，名列高品的，可以做大官，下品的只能做小官。在初行阶段，“九品中正制”有着积极意义，推荐人才的权力不在地方官手上，而在朝廷设在地方上的中正官身上，向朝廷负责，可减少地方察举中的作弊；同时，根据品级确定官品，有严格的授官程序，可有效保证选用官员的质量。但是，从察举制度发展而来的“九品中正制”实施久了存在更大的漏洞。划分品级和官阶的上下，没有客观标准，“中正”们受当地权贵影响，以门第的高低来定品级，变相为“门阀制度”。在晋朝中后期，政治极端腐败，世家豪族的政治势力膨胀，担任中正官的几乎全是士族。品评人物的标准，单凭门第出身，不顾学识、品德和才能；更麻烦的是世袭，不论贤愚，世代为官，形成了“上品无寒门，下品无世族”“纨绔居高位，贤俊沉下僚”的局面，严重阻碍了社会的发展。

隋朝统一天下后，胸怀雄才大略的隋文帝，决定改变用人选士制度。开皇三年（583）正月，隋文帝下诏举贤良，5年后又令五品以上京官、总管、刺史，推举“志行修谨”“清平干济”二科举人。分科举人的特征，已具科举制的雏形。大业二年（606），隋炀帝设置明经、进士二科，并以“试策”选士，主要考时务对策，即有关国家治理和社会管理方面的政治论文，试策的设立标志着科举制的诞生。这种分科取士，以试策取士的举措，把读书、应考和做官三者紧密结合起来，揭开中国选举史上新的一页，成为唐、宋、元、明、清历代王朝培养和选拔人才的主要方式。科举制自隋朝设立到清朝光绪三十一年（1905）废除科举，历时 1300 余年。

这种公开考试、公平竞争和公正录取的选拔官员制度，是大胆的创新与改革，为封建政权的巩固和国家的发展发挥了极为重要的作用，具有独特的社会功能。首先，把选拔官吏的权力收归朝廷，强化了中央集权，有利于国家的管理。其次，在封建等级社会实现了人才遴选范围的最大化，极大地调动了基层百姓治理国家的能动性，促进了社会的稳定和进步。再次，各阶层的人士通过科举考试获取功名，改变社会地位，具有强大的吸引力和向心力。尤其是贫寒之士，“十年寒窗无人问，一举成名天下知”，“朝为田野郎，暮登天子堂”，使平民百姓有机会获取财富和实现人生理想。最后，科举制具有公平、公正、实用性、竞争性等鲜明特征，形成经久不衰的社会力量，成为封建社会的“主旋律”，引领官府行为、个人意识和文化发展的方向。

科举不仅是中国文明史上的创举，也对世界文明产生了深远影响。朝鲜、越南等邻国直接搬用了中国的科举制度，近代英国、法国、美国等国家施行的文官制度，也借鉴采用了中国的科举制。有的西方学者将它称为中国古代的“第五大发明”。

江西人在科举浪潮中，扬帆起航，劈风斩浪，驶向全国政治、文化的中心舞台。千年科举，江西共涌现进士10818名，占全国进士总数106684名的10.14%（不同史料记载的进士数量有不小差异，此据江西省地方志编委办编《江西进士》），这是个很高的比例，名列全国前茅，是名副其实的科举大省、强省。尤其是宋明两代创造了科举辉煌，俊采星驰，以宏大的规模和高品阶，为天下注目。而且有的朝代和届次，考中的进士数量居全国之首。历代众多的江西俊杰，不乏大臣名儒，行业翘楚，都是通过科举实现人生的重要跨越，为民族的发展和进步建功立业。民族英雄文天祥、文坛宗师欧阳修、名相巨儒王安石和周必大、理学大师朱熹、心学祖师陆九渊、诗坛巨匠黄庭坚和杨万里、戏剧名家汤显祖、江南才子解缙等历史文化名人，都金榜题名，以其高尚的品行和不凡的才智，在中华民族文明史册中谱写了不朽的篇章，光照千秋。江西科举成果丰硕的原因，主要是古代农耕和商品经济发达、各方文化交流融汇、官学和书院兴盛、崇文重教的风气、名贤大儒的垂范等历史人文因素。

到了晚清，科举内容及制度呈现僵化的特征，失去生命活力，逐渐走向衰亡。虽然近代以来对科举的反思与评判，贬多于褒，甚至否定；但抖落历史的尘埃，仍然可见这项重要的民族文化遗产，其中的精华闪烁光辉。选贤任能、公平竞争、重视教育和培育人才的观念，永不过时；先贤们勤奋苦读、勇争上游的精神，坚韧不拔的意志，爱国爱民的情操，清廉高洁的品行，都是宝贵的精神财富，值得我们传承和弘扬。

第一章 科考千年

KEKAO
QIANNIAN

隋朝开创的科举制，是中国封建社会中后期最重要的政治制度，始终居于社会生活的重要地位，涉及朝政到平民百姓生活的多个方面。科举文化成为一股强大的力量，推动着其他社会文化的发展。从历史演变过程来看，江西在各个历史时期中的科举状况，可以大致分为唐代初显期、宋代高峰朝、元代低落期、明代鼎盛期、清代衰落期几个阶段。兴衰起落的趋势，与全国科举变化的状态有同有异，具有鲜明的地域特征。不管哪个阶段，都延传着不绝的文脉，都留下了学子不懈奋斗的深深脚印，都书写过金榜题名的荣耀，都涌现出杰出的人才。

一、唐朝：初露锋芒

唐会昌三年（843）春天，一个爆炸性消息轰动赣鄱大地，人们奔走相告：我们江西终于出状元了！袁州宜春城里，人们欢呼雀跃，传送这激动人心的喜讯；文标乡的一个山村（今新余市分宜县杨桥乡观光村），喜爆声声，乡亲们纷纷到卢华廷家中，恭喜他儿子卢肇高中状元。唐朝已建立220多年，科举考试状元榜上从未出现过江西人的名字，卢肇此次破天荒，大魁天下，家乡人怎不欢欣鼓舞？

在唐朝，不要说科考第一名状元，连考中进士，都十分艰难。唐朝承袭了隋朝传下来的用人选士制度，并不断完善，有常科和制科两种。常科基本上每年举行，成为主要的选士制度，有秀才、明经、进士、俊士、明法、明算等数十种。后来秀才科渐废，明法、明算等科不为人重视，而明经、进士两科便成为主要科目。最初两科都要试策，考试的内容为经义或时务。基本上是进士重诗赋，明经重帖经、墨义。帖经就是将经书任揭一页，将左右两边蒙上，中间只开一行，再用纸帖盖三字，令试者填充；墨义是对经文字句做简单的解释。唐高宗以后，进士科尤为重要，但录取很少，一般二三十名，有时仅几名，其艰难程度称为“三十老明经，五十少进士”，意为30岁考取明经就算年纪大的了，50岁考取进士还算年轻，说明进士比明经难考得多。常科的考生有两个来源，一个是生徒，由京师及州县学馆出身，送往尚书省参试；另一个是乡贡，不由学馆而是先经州县考试，考试通过后再送尚书省参加考试，由乡贡入京应试者常称举人。常科登第后，还要经吏部考试，叫选试，合格者才能授予官职。制科由皇帝根据需要下诏举行考试，用以招收非常之才，不定期。制科出身在当时有较高的声望，但是并不被看作是正途。长安二年（702），武则天还开创了武举，选拔军事人才。考生由各州举送，至京师后，由兵部主持考试，项目有马射、步射、马枪、负重等，“高等者授以官，其次以类升”。

江西在唐朝以前，与文化先进的中原和东南地带相比还比较落后，政界文坛少有显赫的人物。到了唐代，在科举制的强力推动下，江西人开始迈出新的步伐，逐渐踏上文化教育的中心台阶，向上攀登。唐朝经济文化的发展，大体上以“安史之乱”为界。“安史之乱”后，北方遭受严重破坏，而江西大部分地区未受战乱侵扰，社会相对稳定，经济持续发展，缩小了与北方的差距，奠定了文化教育发展的基础。

据《文献通考》记载，唐朝共录取进士 6427 名（由于历史资料散失，这个数字并不确切），其中江西进士 65 名（另有 64 名说）。虽然数量不多，但含金量很高，意义非凡。从 65 名进士籍贯可知，地理分布主要集中在赣东北和赣西。尤其是袁州（今江西宜春）特别突出，竟然拥有 27 名进士，占总数的 41.5%。其次是洪州豫章郡（今江西南昌）和饶州鄱阳郡（今江西上饶）各有 16 名。第一位状元卢肇是其中的杰出代表，树立起江西科举划时代的标杆（另有丰城王季友为唐开元时状元，早卢肇百多年。但因籍贯河南，其父迁入江西，不属赣籍，故历代江西史志不载）。

卢肇（818—882），字子发。父亲卢华廷是乡间儒士，很有学问，可家境中落，以执教于乡野为生计，生活艰辛。卢肇在《进海潮赋状》中说自己："为业之初，家空四壁，夜无脂烛，则爇薪苏，晓恨顽冥，亦尝悬刺。"虽然"家空四壁"，可卢肇年少时仍然立下远大志向，勤奋好学。14 岁的卢肇去拜谒宜春县令卢萼，卢县令对他的才学表示惊叹，预测他今后必有前途。太和九年（835）三月，李德裕为权臣所忌，被贬为袁州长史，卢肇以诗文投献，深得他的赏识。

开成元年（836），卢肇参加乡试，中了举人，但试官没有把他列入解选入京参加进士考试的举子之列。他不但

宜春市状元洲卢肇中状元群雕

没生气，反而去找试官道谢，说你多给了我几年学习的时间，以便来日再参加考试，说不定更有收获。试官说，这次因为名额有限，没把你列入参加京试的名单之中，可能会影响你及早取得功名，我有些惭愧。卢肇答道，大人不必自责，我自会继续努力，回报家乡和大人。7 年后，卢肇到京以应春试，进士科的主考官是吏部尚书王起。其中试诗题为《风不鸣条》。卢肇写道："习习和风至，过条不自鸣。暗通青律起，远傍白蘋生。拂树花仍落，经林鸟自惊。几牵萝蔓动，潜惹柳丝轻。入谷迷松响，开窗失竹声。薰弦方在御，万国仰皇情。"王起阅后，很赞赏，将卢肇排在名次最前面。按照唐代科举惯例，进士考试结束后，在放榜之前，将拟定录取的名单送宰相过目，以最后决定名次报皇帝。这时，李德裕已任宰相，对当年在袁州任职时赞赏卢肇诗文之事记忆犹新，自然同意。这次科举考试，录取进士仅有22人。中状元后不久，卢肇出任潼关防御判官，接着为秘书省著作郎，又任仓部员外郎充集贤殿书院直学士。卢肇为人耿直，器识宏远，富有才学，凭本领做人做官，不肯依附权贵，任职不久被谪贬连州，此后又在歙州、宜州、池州、吉州当过刺史，无不恪尽职守，施政有方，体察民情，为百姓拥戴。

卢肇是唐代有名的诗赋家，文章德行俱佳，更受家乡人民敬重，称之“袁之文章节义自肇始”。卢肇开启了江西科举的新篇章，标志着江西学子开始登上科举最高殿堂，可以和全国俊杰一决雌雄，竞标夺冠。

令人惊叹的是，两年后江西考取的第二位科举状元，也是袁州籍，名易重（806—872），字鼎臣，宜春温汤九联坊人，会昌五年（845）夺魁。易重官至大理评事，为官清正，体察民情。一生悉心于诗文，著有文章千余篇，名显一时。九联坊村有一幢古

宜春市博物馆卢肇雕像

宜春市博物馆易重雕像

老的建筑重桂堂，红墙黑瓦，飞檐画栋，门楣书“唐状元易重纪念馆”。正厅上席挂着易重画像，画像下边供奉历代先祖的灵位牌，还有播迁在各地的60多个支派的敬祖牌位；两壁墙上陈列主人生平、儿孙功名以及吟咏该村风景的字幅。

易重中状元，史籍记载和民间传说都很有趣味。唐朝科举很严格，但制度设计也有缺陷，就是对考官缺乏监督，出现权贵或富豪拉关系的现象。朝廷也采取过纠偏措施，但仍然难以杜绝。易重参加进士考试这一科，一共及第27人，他为第二名。可出榜后，名士、举子都认为此科取士不公，议论蜂起，纷纷向朝廷反映考试作弊，状元是“开后门”得来的。唐武宗即命翰林学士白敏中主持复试，结果评定易重为第一名，时人皆以为公允。可见，易重的实力不凡。易重很有趣，所作《寄宜阳兄弟》诗下半首为：“内庭再考称文异，圣主宣名奖艺奇。故里仙才若相问，一春攀得两重枝。”

唐代科举的“袁州现象”，是江西走向科举圣殿的典型，也是江西经济文化发展的缩影。袁州自然环境优良，物产丰饶，民众虽不很富裕，但勤劳耕耘，衣食无忧。虽然地处江西西部边陲，但百姓生活较为安定，崇文尊儒的风气浓厚，人文随之兴盛。史称“儒风之盛甲于江右”，诗赞“家家生计只琴书，一郡清风似鲁儒”。于是，袁州在科举中收获硕果，成为江西各州的“排头兵”，具有示范价值，激励后来江西文化和教育的兴盛。

宜春市博物馆藏状元及第铜门饰

五代南唐时，江西是南唐抗衡中原的重要战略后方，经济文化得到较快发展，南昌还有一段时间是南唐的南都。位于白鹿洞的庐山国学，是南唐的重要文化学术中心之一，华林书院等教育场所闻名遐迩。南唐接续了唐代的科举考试制度，自保大十年（952）始，举行了17榜科考，江西有十几名进士及第。其中有吉安第一位科举进士、欧阳修高祖欧阳仪，明代大学士解缙的先祖解皋谟，还有编写著名历史地理重要典籍《太平寰宇记》的乐史等。南唐时江西涌现了两位状元：王克贞、伍乔。

宜春市状元洲

王克贞（930—989），字守节，吉州庐陵（今江西吉安）人，南唐第一届科考的状元。他自幼聪慧，为人忠厚。中状元后，历官秘书省正字、中书舍人等职。南唐灭亡，入宋为官，知汉州。宋太祖听说他文章写得好，就把他调到朝廷做官员，参与编修《太平广记总类》等。后来出知滑州、襄州、梓州，历任太子中允、户部侍郎、礼部侍郎等职。他是宋初江西籍的名臣之一，也是吉安的第一位状元。

伍乔，生卒年不详，江州德化（今江西九江）人。少时入庐山国学读书，勤奋苦学，深研《易经》，很有心得。

保大年间朝中举行大考，家里没钱给他作盘缠，庐山众人捐资，助其赴金陵应进士举，最终他考取进士第一名。他的诗词文章俱佳，受到元宗李璟赏识，命令刻其文于石碑，“以为永式”。伍乔历任州司马、考功员外郎、户部员外郎等。开宝八年（975）李煜命伍乔知贡举，主持科举考试。虽然此时金陵已被宋军围困，但他镇定自如，依然忠于职守，严格执行制度，选取孙确等 38 人及第。

吉安市博物馆藏“状元及第”牌

首位状元卢肇举起的旗帜，召唤了更多的江西学子，在历代科举的舞台上大显身手，精彩亮相。

二、两宋：名贤辈出

宋景德元年（1004）江南大旱，当朝丞相去江西安抚，发现有位神童叫晏殊，自幼笃学，7岁便能写文章，文才惊人，就向朝廷以特殊人才的身份举荐。当时，有种特别的科举类别叫童子科试，可破格跟经过州试和省试选拔上来的举子一起，直接参加礼部考试。礼部大臣张文节上奏皇帝，可否让晏殊应试？真宗有些好奇，也比较爱才，听说是神童，就特许参加殿试，还要当面测试一下。真宗召见晏殊，只见这少年英气盎然，虽稚气未脱，却有几分稳重老成的模样，神情自然，甚是喜爱。真宗说，朕拿份考卷给你，看看你怎么答题。晏殊捧着试卷一看说，圣上，这个题目我几天前已做过了，很熟悉，请另出一题吧。真宗打心眼里喜欢这个诚实的孩子，就重新出了个题目。晏殊胸有成竹，略加思索，提笔一挥而就，不久就呈上卷子。真宗看了文章，不禁称奇，赞赏他有学识，就特赐同进士出身的功名。

晏殊父子画像

晏殊（991—1055），字同叔，谥元献，临川人（晏殊故里今属南昌市进贤县）。他的名字如今可能有的人不太熟悉，可宋词中的经典名句“无可奈何花落去，似曾相识燕归来”，“昨夜西风凋碧树，独上高楼，望尽天涯路”，很多人都知道，传诵千年不息，就是出自这位神童之手。晏殊是北宋词坛名家，开婉约之风，影响深远；可作词只是“业余爱好”，他是名副其实的政治家，当过大宋王朝的宰相，只是艺术的成就掩盖了政治上的作为，以词创作闻名天下。

晏殊经特殊的“童子试”早早地享有功名，迈上仕途，是科举制的幸运儿。他生活的朝代，正是科举制革故鼎新、开辟新路的时期。宋王朝对唐朝的科举制，既传承基本方针，又进行了改进和创造。首先，扩大录取规模，放宽对应试者条件的限制，可投牒自进，允其应举，只要文章诗赋合格，一视同仁。对年高而屡经省试或殿试落第者，可由礼部贡院另立名册上奏，参加附试，称“特奏名”，享有和正式及第者基本相同的待遇，开后世恩科的先例。因此各阶层文士争先恐后赴考，进士录取名额比唐朝增加若干倍，每科通常取二三百人，多者达五六百人。其次，从治平二年（1065）起，定为三级考试制度，每三年一考。先由各州举行解试，再由礼部举行省试，最后殿试，此制为后来历代所因承。武则天首创殿试，但非常规，宋代成为定制。殿试的及第者，不同于唐朝还要经选拔考试合格才授官，而是不须再经吏部考试直接授官；科举取士之权被掌握在皇帝手中，所有及第者都成了“天子门生”。再次，为防考官徇私舞弊，使考试更公平，采取了几项新的举措。如将考卷上的姓名、籍贯等密封，称“弥封”，又叫“糊名”；这种方式也始于武则天时，但未成制度；另有誊录制，怕评卷官识别笔迹，将试卷由专人抄写一遍再评卷；还有锁院制，考官受命后同时进入贡院，关闭院门，与外界断绝来往；主考不像唐朝由固定的官员担任，而是不定人，临时委派；等等。这些都是科举制的进一步完善和发展，大多被后来历代所采用或借鉴。

武将出身的赵匡胤，陈桥兵变，黄袍加身，建立了宋朝；又杯酒释兵权，巩固了自己的统治地位。他对武将不太放心，就抑武重文，以文人治天下作为国策。在选拔官员方面的主要举措，就是不断扩大科举取士的名额，宋朝是历

南京市江南贡院明远楼

史上考取进士最多的朝代；并且士子一旦及第，则踏上仕途，俸禄优厚，还享有各种特殊的待遇，对天下读书人具有强烈的吸引力。随着唐代“安史之乱”后政治、经济重心的南移，宋代江西的经济文化迅速发展，社会相对安定，官学和私学都较为兴盛，促进了科举的大繁荣、大丰收，从以前落后于中原地区到迈进全国第一方阵，有的科届遥遥领先。

北宋开科 69 榜，除诸科和特奏名外，共录取进士 19066 名，其中江西 1729 名，占 9.06%；南宋举行 49 次贡举，录取进士 23319 名，其中江西 3694 名，占 15.6%。两宋共产生进士 42385 名，其中江西地区 5423 名，占

12.8%。这是个不小的比例，在全国各路中名列前茅。（因对进士户籍和乡贯的统计标准不一，对其身份的认定也有异，各种资料中数据不同，差异较大。上述为《江西考试史》中，根据清光绪《江西通志·选举表》所统计的数据。）数据是枯燥的，但其中蕴含的是学子们皓首穷经、悬梁刺股的艰辛，是“春风得意马蹄疾，一日看尽长安花”的喜悦，是光宗耀祖的荣耀，是鱼跃龙门的蝶变，引得时人的无限钦羡和世代的崇仰。

以“神童”闻名天下的晏殊，因其雅致的词作和身为宰相的高位，成为众多学子的偶像。晏殊在仕途奔波之时，正是宋朝鼎盛的阶段。他历任翰林学士、侍读学士、参知政事、尚书左丞等要职，尤其是任宰相兼枢密使期间，统揽朝廷政务、军务大权，受到皇帝倚重和大臣的敬重。虽然因政见不同或皇室权力变化而升降浮沉，但总体上仕途较顺畅，时称“太平宰相”。晏殊在文学上的突出贡献，是在宋初作词风气还未大开，词坛还较为冷清之际，他奋然崛起，善作小词，开宋词婉约之风，是当时词坛代表人物，影响深远。他在从政之余填词作赋撰文，创作了大量作品，传说有诗文万余篇，著有文集240卷，但绝大部分散佚，现仅存《珠玉词》1卷，诗百余首，其中有不少脍炙人口的作品。晏殊的儿子晏几道（约1030—1106），字叔原，号小山，也擅长作词，多为小令，史评“措辞婉妙，一时独步”，与父亲齐名，世称“二晏”。“落花人独立，

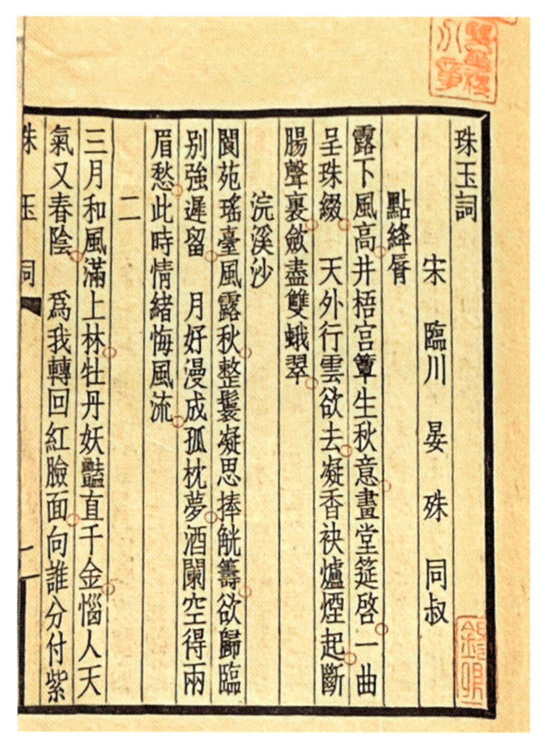
珠玉词
宋 臨川 晏殊 同叔
點絳脣
露下風高井梧宮簟生秋意畫堂筵啓一曲
呈珠綴 天外行雲欲去凝香袂爐煙起斷
腸聲裏斂盡雙蛾翠
浣溪沙
閬苑瑤臺風露秋整鬟凝思捧觥籌欲歸臨
別強遲留 月好漫成孤枕夢酒闌空得兩
眉愁此時情緒悔風流
二
三月和風滿上林牡丹妖豔直千金惱人天
氣又春陰 爲我轉回紅臉面向誰分付紫
珠玉词

晏殊《珠玉词》

微雨燕双飞”被誉为“千古不能有二”的名句。

晏殊一生主要经历是从政，政绩史料记载不多，但直言敢谏，推陈革故，为政治清明尽心尽责。尤其是重教兴学，举贤任能，罗致人才，最为后世所称道。他在任应天府（今河南商丘）知府时，面对五代以来战争频繁，教育颓废的现状，大办学校，请范仲淹等名士执教，以授生徒，召名儒讲《春秋》，还带领部属去听课。宋代兴学，晏殊是创始者之一，为科举选士培育了大量人才。后来朝廷的名臣和文坛名流，不少出于他兴办的学校。他去世后，户部侍郎范镇在挽词中道："生平欲报国，所得是知人。"这是对晏殊一生中肯的评价。

晏殊是宋代江西文化走向兴盛的标志，也是科举入仕者的典范。从此，在两宋科举的阵地上，涌现出一代代江西籍的名臣大儒，在政坛、文坛大显身手，建功立业。有的是著作等身的名儒大师，开宗立派；有的是身处高位的名相大臣，地位显赫，不仅为宋朝经济文化的发展做出了贡献，还为中华文明的繁荣丰富增添了有生力量，产生的影响直至今日。除上述晏殊父子外，从下列名士榜中，可见江西人在宋代、在民族文明史上的地位和声望。

刘沆（995—1060），永新人，天圣八年（1030）进士，殿试第二名，榜眼，官至宰相。

欧阳修（1007—1073），吉安人，天圣八年（1030）参加贡举，获"省元"，殿试二甲进士。著名政治家、文学家、一代文宗，"唐宋八大家"之中"宋六家之首"。

曾巩（1019—1083），南丰人，嘉祐二年（1057）进士，著名文学家，"唐宋八大家"之一。

王安石（1021—1086），临川人，庆历二年（1042）进士第四名。宰相，著名政治家、改革家、文学家。"唐宋八大家"之一。

曾布（1036—1107），南丰人，嘉祐二年（1057）进士，曾巩弟，宰相。

黄庭坚（1045—1105），修水人。治平四年（1067）

吉安市文星塔

进士，江西诗派创立者，开一代诗风。宋代书法“四大家”（另三家为苏轼、米芾、蔡襄）之一。

洪皓（1088—1155），鄱阳人，政和五年（1115）进士，著名学者。出使金国被羁留 15 年不屈，誉为“宋之苏武”。

胡铨（1102—1180），吉安人，建炎二年（1102）进士。因奏斩秦桧，被流放 23 年，回朝廷仍坚持抗金，忠烈名臣。

汪应辰（1119—1176），玉山人，绍兴五年（1135），17 岁中状元，力主抗金，反秦桧遭磨难。官至吏部尚书。

洪迈（1123—1202），鄱阳人，绍兴十五年（1145）

探花。撰笔记名著《容斋随笔》。洪皓之子。

周必大（1126—1204），吉安人，绍兴二十年（1150）进士，宰相，时为“词臣之冠”。

杨万里（1127—1206），吉水人，绍兴二十四年（1154）进士，著名诗人，创独树一格的“诚斋体”，诗风清新自然。

朱熹（1130—1200），婺源人，绍兴十八年（1148）进士，著名思想家、教育家，开创程朱理学。

陆九渊（1139—1193），金溪人，乾道九年（1173）进士，著名思想家、教育家，创立心学一派，与明代王阳明同称“陆王”。

萍乡市魁星阁

江万里（1198—1275），都昌人，宝庆二年（1226）进士。创办白鹭洲书院。官至宰相，力主抗元，兵破饶州，率全家投“止水池”，以身殉国。

谢枋得（1226—1289），弋阳人，宝祐四年（1256）进士。率孤军抗元，被俘宁死不屈，绝食而逝。

刘辰翁（1232—1297），吉安人，景定三年（1262）进士，著名词人。宋亡绝不仕元，创作大量追念故国的词作，哀怨豪迈。

文天祥（1236—1283），吉安人，宝祐四年（1256）状元，宰相，伟大的民族英雄，爱国主义诗文感染代代中华儿女。

一个名字就是一面迎风招展的旗帜，一根令世人仰望的文化标杆。他们都是科举骄子，时代精英，还有更多的才俊，组建成规模宏大的“文化赣军”，共铸宋代江西人文的辉煌。据李天白先生统计，江西人列入《宋史》列传的 220 名，任宰辅的 45 名。按中华书局出版的《全宋词》统计，全书作者 1397 名，其中江西作者 174 名，占 12.46%，仅次于浙江，居全国第二。这些名人伟士，绝大多数是通过科举获得功名后，登上新的台阶，实现人生关键性转折，其功业载入了中华文明史册。

三、明朝：科举鼎盛

明建文二年（1400），即朱元璋的孙子朱允炆当皇帝的第二年，从朝廷传出的“今日头条”轰动朝野。赣江两岸，鄱阳湖之滨，人们欢天喜地。这一届科举殿试，一甲三名：状元胡广（殿试赐名胡靖）、榜眼王艮、探花李贯，二甲第一名吴溥、第二名朱塔，全都是江西举子；而且一甲三位都是吉安府人，吴溥是抚州崇仁人。

更令人惊奇的是，过了四年的永乐二年（1404），科举殿试一甲三名：状元曾棨、榜眼周述、探花周孟简，二甲第一名杨相、第二名宋子环、第三名王训、第四名王直，第八名彭汝器、第九名孤独乐善、第十名周忱，都是吉安府人，第五名秦学政也是江西人。前13名中，有11名是江西人，只有第六、七名不是。

一个府，科举殿试蝉联一甲，“团体双连冠”，是科

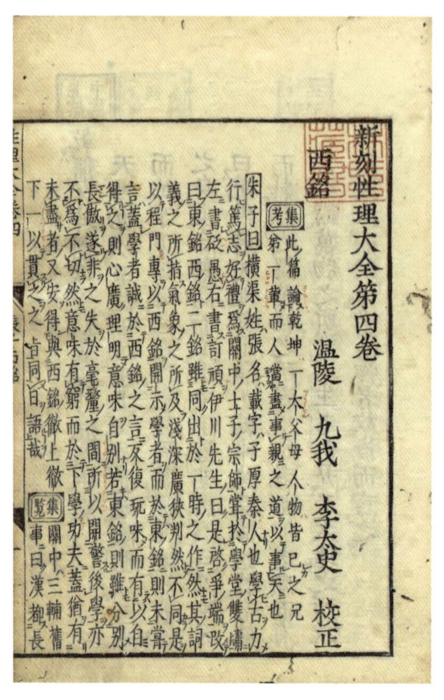

新刻性理大全第四卷　温陵　九我　李太史　校正

西銘

集考　此篇論乾坤一大父母人物皆己之兄弟一輩而人當盡事親之道以事天也

朱子曰横渠姓張名載字子厚秦人也學古力行篤志好禮為關中士子宗師嘗於學堂雙牖左書砭愚右書訂頑伊川先生曰是啓爭端改曰東銘西銘二銘雖同出於一時之作然其詞義之所指氣象之所及淺深廣狭判然不同是以程門專以西銘開示學者而於東銘則未嘗言蓋學者誠於西銘之言反復玩味而有以自得之則心廣理明意味自别若東銘則雖分別長傲遂非之失於毫釐之間所以開警後學亦不為不切然意味有窮而於下學功夫蓋猶有未盡者又安得與西銘徹上徹下一以貫之之旨同日語哉

集覽　關中三輔舊事曰漢都長

胡广《性理大全》

举史上的奇迹，空前绝后。

不仅如此，建文二年（1400）科考，录取进士110名，其中有23名是江西籍；永乐二年（1404）科考，录取进士472人，其中有112人是江西籍，两届都占据了近四分之一，这是非常惊人的比例。全国各省的举人和国子监的贡生一起参加会试，按当年定额录取，参加殿试，皇榜公布的为进士。考卷都是“糊名”的，江西考生在国家级的考试中公平竞争取胜，靠的是实力。多年后，参加进士考试的举子数量，按省分配名额，据省的大小和文化发展状况定指标，不再出现进士集中于一省的现象了。

还有更耀眼的光环，明朝举行科举89科（另有88、90科之说），一甲之中，89名状元，江西就有17名，占19.1%。（数据来源于《江西进士》）

明代，是江西千年科举中的鼎盛时期，上述数据可见一斑。就全

高安市贾家村贾氏宗祠

国局势而言，明代科举大兴是经过元代低谷后的重振和复兴，也吸纳了元代的一些制度。元代统治者掌握国家政权后，对文化教育不太重视，尤其蔑视汉族知识分子，有“九儒十丐”之说，儒士的社会地位排在第九，只在乞丐之前。元朝前期科举停废达半个世纪，直到延祐二年（1315）才恢复科举，后来又废又兴。元朝实行种族歧视政策，把国人分为四等，科举考试也按种族分等级。蒙古和色目人只考两场，题目较容易；汉人和南人要考三场，题目艰深。

吉安县文天祥纪念馆科举殿试场景

明朝状元赵秉忠的科举试卷

考中以后，蒙古、色目人列为“右榜”，属于高档；汉人、南人列为“左榜”，属于低档。而且及第后从政，汉人也受限制和歧视。科举在官员的选拔中所占的地位，远没有唐宋高，有人评价说只是“粉刷太平之具”。即使如此，科举也在元人统治时期，为民族文化传承发挥了积极作用。如形成乡试、会试、殿试三级考试制度，把“四书”列入考试内容等。元代近百年间，举行过 16 次会试，取进士

1200名左右。江西是科举较为兴盛的地区之一，有史料说考取207名进士；据《江西考试史》考证，有名有姓者137名，所占比例较高。

明王朝建立，科举制进入全盛时期，统治者予以高度重视，程序之严密、选士要求之高，超过了以往历代。前几朝，学校教育只是为科举输送考生的途径之一，而明代进学校却成为科举的必由之路。在未取得功名前，无论年龄大小，都称“童生”。“童生试”分县试、府试、院（道）试三个阶段，分级递进，录取者取得“生员”资格，进入府、州、县学学习。学宫门前有半圆形水池叫泮水，入学也叫“入泮”。过了层层关卡，才有“秀才”资格，不算功名，有资格参加正式科考。如果连秀才都未考取，胡子白了也只能称“童生”。秀才经各省岁考、科考两级考试，成绩分六等，列入一、二等者，才有参加省里乡试的资格，称科举生员。还有一类是贡生，从府县秀才中挑选成绩优异者，升入京师的国子监读书，有岁贡、选贡、恩贡和纳贡等，经考试合格成为监生，和生员一同参加乡试。

正式考试分为乡试、会试、殿试三级：乡试在秋季八月，是由南、北直隶和各布政使组织举行的地方考试，又叫乡闱或秋闱，凡本省科举生员与监生均可应考，考中的称举人，俗称孝廉，第一名称解元。乡试中举叫乙榜。会试是由礼部主持的全国考试，又称礼闱，于乡试的第二年春季在京师举行，故又称春闱。考中的称贡士，第一名称会元。殿试在当年举行，只考时务策，由皇帝主持，应试者为贡士，殿试均不落榜，只是由皇帝重新安排名次。录取进士分三甲：一甲三名，赐进士及第，第一名称状元，第二名称榜眼，第三名称探花，合称三鼎甲；二甲赐进士出身，三甲赐同进士出身。二、三甲第一名皆称传胪。进士榜称甲榜，用黄纸书写，故叫黄甲，也称金榜，中进士称金榜题名。

如此层层递进的程序和严格的考试，把科举选士的方式推向了极致。明代科举共举行 89 科（另有 88 科、90 科之说），全国和江西的进士总数，史料上有多种数据，近 20 年出版的书籍中也是如此，众说纷纭。在邱进春先生的《江西明代进士考证》中明代全国进士总数有 24595 名，全国 15 个省，平均占 6.7%；其中江西 3067 名，占 12.5%，高出平均值 5.8 个百分点，仅次于南直隶和浙江，排名第三。

《江西明代进士考证》还排出了明代江西 13 个府、78 个县的进士数量名次。各府的前六名依次是吉安府 818 名，南昌府 625 名，抚州府 254 名，饶州府 240 名，广信府 198 名，临江府 167 名。分县统计，总数排前 10 名的依次是：南昌县 218 名，安福县 199 名，丰城县 191 名，泰和县 170 名，吉水县 161 名，临川县 123 名，庐陵县 102 名，进贤县 91 名，新建县 76 名，贵溪县 72 名。合计 1403 名，超过了全省的一半。

而南昌和吉安两个府进士多的原因如下：一是两府是

丰城市后塘村进士坊

当时江西经济最发达的地区，为科举提供了必要的物质保障。粮税额数可以反映出经济水平，明天顺年间南昌府应征税粮 50 万石，吉安府 44 万石，居于全省第一、二位；而全省总数为 250 余万石，两府合计超过全省的三分之一。两府的粮额数在全国也居于前列，仅次于苏州、松江、常州、嘉兴等少数几个重赋之地。二是两府是当时江西人口最多的地区，为科举提供了人才资源。洪武二十六年（1393），江西人口最多的是吉安府，172.8 万人；其次为抚州府，120.5 万人，再次是南昌府，113.1 万人。三是两府是当时江西文化积淀最为深厚的地区，为科举之路奠定了良好的基础。南昌府历朝都是江西首府，其文化氛围自不待言。吉安府自宋以后，文化名人辈出，形成了一种良好的文化风气。从拥有书院的数量上看，明代吉安府数量最多，有 88 处；南昌其次，有 42 处。有如此深厚的文化底蕴，加上民间对教育的重视，吉安府在明代成为进士首府，实属必然。四是两府人多田少，造成生存压力巨大，迫使人们走向科举。

上面说的是明代江西科举的盛况，但各府县之间极不平衡，进士有的是个位数。如德安、瑞昌、安义、鄱阳、宜黄、萍乡等县只有 3 名，还有十来个县只有 1 名或空白。这也表明考中进士是多么艰难。全国也是这样，有的县千年科考中进士只有几名，甚至没有。中了进士，真的是荣耀乡里，名传百代。

明代江西的进士群体规模宏大，档次也高，进入官场的自然也多。在明代前几朝，有“翰林多吉水，朝士半江西”的说法，又据说分宜人严嵩当内阁首辅时，夸耀“满朝文武半江西”。虽然这是俗语和民间传说，但反映了江西官员众多的现象，也证明了科举的兴盛。明朝到底有多少出自江西地区的高官？因标准不一和行政区划有所变化，缺少权威的数据，未见确切的研究成果，只从零散的史料中收集到有关记载，可窥一斑。

永乐二年（1404），为了巩固地位，也是为国家储备栋梁之材，明成祖朱棣从新科进士中选拔一批年轻人进翰林院学习深造。他严格挑选了 28 名进士，据说是对应上天二十八星宿，不任职务，专心学习古代经典和治国方略。状元曾棨在《二十八宿燕集图记》中道：“不任政事，俾学古为文。”“日从事文翰，以笔墨自娱，值休暇则相与出游郊外，极登临觞咏之乐。于是海内有志之士皆仰而望之，以为旷古之奇遇。”他还记录了这 28 人的姓名和籍贯，其中江西籍的除了他自己，还有泰和人杨相、汤流、王直、余学夔，吉水人周述、刘字钦、罗汝敬、周孟简、周忱，安福人李时勉、彭汝器，抚州人王英，南康人金鼎、卢翰、王训、熊直，一共 17 位，占总数的 60.7%。他们后来多为重臣名流。其中最有名的，一是当了吏部尚书的王直，在“土木之变”期间与于谦等大臣力挽狂澜，极力维护国家的稳定。二是周忱，任江南巡抚 20 多年，总督税粮，改革弊政，为国理财，爱民如子，人称“周青天”，后任户部、工部尚书，是著名的经济改革家和廉臣。

自从“胡惟庸案”之后，明朝就不再设丞相一职，还废除中书省，权力集中到皇帝手中。事情太多忙不过来，就设置几个辅臣，辅助皇帝处理奏折，先行拟票供皇帝采纳。建文四年（1402），朱棣当了皇帝后，也不敢设丞相，就仿照朱元璋的做法，选择 7 个能力较强的文臣，正式成立内阁机构。最初只是秘书性质，只提出处理意见，有议政权，没决策权。但到了宣德朝时期，“三杨”（杨荣、杨士奇、杨溥）辅政，内

丰城市白马寨村“父子符卿”坊

阁权力上升，兼管六部尚书，成为皇帝的最高决策机构。经过几朝君臣的完善，内阁形成了完善的政务办理流程和完整的体系。内阁辅臣有3至7名，排在第一的被称为首辅。

第一任内阁成员7名：解缙、胡广、杨士奇、金幼孜、胡俨5个都是江西人，只有黄淮是浙江人，杨荣是福建人。首辅是解缙。后来，解缙离任，内阁6人不变，首辅是胡广，当了11年，只有48岁就去世了，而后杨荣接任首辅。

据史载，明代历任首辅共53人，江西先后有10人任过首辅，分别是：吉水人解缙、胡广，泰和人杨士奇、陈循，吉安县人陈文，安福人彭时，铅山人费宏，贵溪人夏言，分宜人严嵩，南昌人刘一燝。历任首辅中江西人数最多，势力最大。其中首辅任期最长的是杨士奇，21 年，第二是严嵩，15 年。整个大明王朝 276 年，其中江西籍首辅执政的时间就超过 85 年，占了近三分之一时间。从永乐到崇祯年间，共有阁臣 164 人，按乡籍统计（今省区范围），浙江 27 人，江苏和江西都是 22 人，并列第二。

杨士奇在明初说："四方出仕者之众，莫盛于江西。"有多少江西人在明代担任御史、六部尚书、布政使和寺府院首领等"省部级"高官，未见权威资料，这里仅以吉安府籍部分尚书为例：

嘉靖年间，安福赵璜为工部尚书，彭黯为南京工部尚书，吉水毛伯温为工部、兵部尚书，周延为吏部、兵部尚书，张纲为南京工部尚书，泰和罗钦顺为南京吏部尚书，欧阳德为礼部尚书，永丰聂豹为兵部尚书，永新尹台为南京礼

分宜县介桥村严氏祠"黄阁元辅"匾

部尚书，安福欧阳必进为工、刑、吏三部尚书，王学益为南京工部尚书。

宣德年间，吉水周肃为户部尚书，泰和刘崧为礼部尚书，吉水熊概为刑部尚书，安福彭同升为礼部尚书。

正统年间，安福刘泰为礼部尚书，庐陵周忱为户部、工部尚书，泰和王直为吏部尚书，萧镃为户部尚书，万安刘孜为南京刑部尚书。

景泰年间，安福刘宣为南京工部尚书，万安刘广衡为礼部尚书，泰和萧祯为刑部尚书。

天顺年间，庐陵萧维祯为刑部、兵部尚书，安福张敷华为刑部尚书，泰和萧晅为礼部尚书。

科举的兴盛孕育了众多的官员，尤其是一批批拥有“话语权”的“一把手”，为封建王朝政权的巩固和国家的建设做出了贡献，提升了江西的政治地位，也在一定程度上带动和促进了家乡经济的发展和文化教育的进步。到了明代后期，江西科举有所退步，江西人开始慢慢淡出全国的政权中心。

四、清朝：由盛至衰

清雍正四年（1726）发生了一件震惊全国的特大案件，使得江西的官吏胆战心惊。这一年进行各省科举乡试，雍正皇帝认为“江西大省，人文颇盛，须得大员以典试事”，于是特指派内阁学士兼礼部侍郎查嗣庭为江西乡试正考官。考试正常进行，可是，有官员举报，主考查嗣庭所出的试题中，有一题是取自《诗经》中“维民所止”之句。其中的“维”和“止”两字，是隐喻“雍正”两字去掉上面的部首，不是要去掉皇帝的头么？这还了得。于是，查嗣庭被捕，在牢中死去后遭戮尸，家里15岁以上的男性全部抄斩，15岁以下以及女性发配三千里以外。案件是真，可“维民所止”试题之事却是民间编派的。据考证，查嗣庭出的第二题是《易经》“正大而天地之情可见矣”，第四题是《诗经》“百室盈止，妇子宁止”之句。举报者把第二题的首字“正”和第四题两个“止”字连在一起，就是去掉“雍正”的头了。这真是欲加之罪何患无辞。民间为了传播简便，就改为“维民所止”。又据《辞海》中“查嗣庭试题狱”的介绍：“世宗欲陷害隆科多，因查嗣庭曾受隆科多等推荐，故先兴此狱。”隆科多扶植外甥雍正登皇位立大功，可他结党营私，引起雍正反感，总想扳倒他。查嗣庭是隆科多的心腹，后出为江西学政，雍正接到举报，觉得他是心存不满，正好借机查处，以加害隆科多。

这件涉及科举的清朝文字狱大案，可见当时政治环境的险恶。清朝的科举制度与明代基本相同，但贯彻民族歧视政策，满族人享有种种特权，做官不必经过科举考试。雍正前分满汉两榜取士，旗人享有特殊优待，只考翻译一篇，称翻译科。后来，改为满汉同试，参加考试的以汉族人为多。清朝统治者为了收揽人心，稳定社会，也为网罗国家建设和管理的人才，于是大兴科举，比明朝在程序上更繁复，方式更严密细致，对舞弊的处置更严厉。

清代的科举考试制度分两个阶段，一个是初步考试，另一个是正式考试。初试有三种：童试、岁试、科试。童试是童生的岁科试，分县试、府试、院试三级，合格者为生员。生员分三种：成绩最好的是廪生，有一定名额，由公家发给粮食；其次是增生，也有名额；

新“入学”的称为附生。每年由学政考试，按成绩等第依次升降。考试合格称作秀才。秀才每一年考一次，选优，这叫岁试。每三年还要参加一次大的考试，叫科试，是推选举人考试的资格。通过科试提名，就有资格参加乡试。这是科举的初步考试。正式考试跟明代一样，有乡试、会试、殿试。乡试考中者为举人，是最重要的起点，可以到吏部注册，有资格做官，但只是候补官员，因职位很少，大多只能是候补。

除乡试选拔举人外，地方官学会选送一定名额的学生到中央官学国子监去读书，称为岁贡。一般府学每年选一名，州学三年选两名，县学两年选一名。遇到皇帝登基或者大型庆典，恩赐选送的贡生叫恩贡。根据朝廷需要选拔特别人才称拔贡，或称优贡。还有未中举的优秀者，作为副贡。“五贡”出身而任官职的人和举人一样，被认为是正途。

科举考试头场是考八股文，测试的内容是经义，从《诗》《书》《礼》《易》《春秋》五经里选择题目来进行写作，有固定格式。八股文即用八个排偶组成的文章，一般分为六段。以首句破题，两句承题，然后阐述为什么，谓之起源。主要部分是起股、中股、后股、束股四个段落，每个段落各有两股排比对偶的句子，共八股。篇末用大结，措辞要用古人口气，所谓代圣贤立言。八股文的危害极大，严重束缚了人们

北京市国子监辟雍殿

南昌市八一公园贡院井(此处原为清代江西贡院)

的思想，是维护封建专制的工具，同时把科举考试制度引向了绝路。

清朝科举进士的总数和江西地区的进士数，有多个不同的数据，而且数据悬殊。在《江西考试史（上卷）》中，作者对校了几种省地方志，考订有关史料，确认全国的进士共 26849 名，江西有 1886 名，占 7.02%。总人数比明朝大幅度降低，大约减少了三分之一，所占比例降低 5 个多百分点。各府进士数排名的次序与明代对照，也发生较大变化，前六名分别是：南昌府 453 名，建昌府 305 名，抚

吉安市白鹭洲书院中科举考试场景

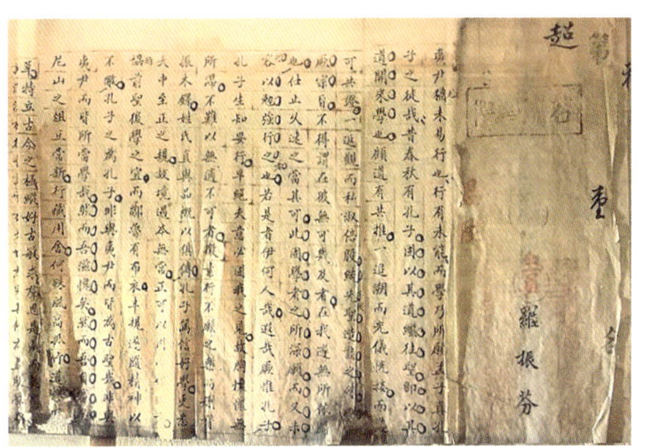

清代吉安县学第一名罗振芬的试卷

州府194名，吉安府182名，九江府126名，瑞州府107名。南昌府从第二名上升到第一名，但总人数减少了117名，抚州府名次较稳定，都是第三，吉安府从第一落到第四，人数少了636名。清朝一共产生了114位文状元，数量比明朝多出20多名，可是江西仅有4位文状元，明朝时有17位。

吉安县龙岗村彭氏宗祠

其实，从明朝中后期开始，江西科举考试成绩就开始下降。明朝前期 100 年左右，江西进士占全国的比例将近 20%，从成化年间开始走下坡路，万历年间到明末，下降到 10% 左右，越到后期下降越快，到清代就只占百分之七八了。其主要原因，一是明末清初大规模的“江西填湖广”移民运动，人口流失较多。二是经济重心往江浙一带转移，丝绸盐茶等生产和贸易繁荣，以传统农业为主的江西经济跟不上先进地区的步伐，文化也随之落后。三是交通的变化。黄金水道赣江及其支流水运逐渐被公路取代，江西又错失了京广铁路；随着上海等通商口岸的开通，全国外贸的中心向东移位，江西长达千年的交通区位优势丧失，逐渐被边缘化。还有太平天国运动，江西是主战场之一，在赣中、赣北打了八九年拉锯战，激烈的战争对经济和社会发展产生了巨大的负面影响，人口也大幅度下降，等等。

上面所说清代江西科举的衰退，是相对于明代的鼎盛而言；可在全国的排名中，仍能列入第一梯队。据不完全统计，清代各省进士人数依次为顺天 4220 多名、江苏 2940 余名、浙江 2800 名上下、山东约 2270 名，江西在第五名。江西官民对教育重视程度依然不减，读书求学的风气仍然浓郁，尤其是经商致富者，在家乡大办学馆书院，寄希望于后代有朝一日出人头地，光宗耀祖。如今在江西乡村遗存的大量书舍书屋，大多是清代商人所建。

虽然清代江西的科举地位和入仕名宦的声望明显逊于明代，但仍然有不少杰出的人物。如黄赞汤（1805—1869），字莘农，号徵三，吉安县固江镇社边村人。道光十三年（1833）癸巳科进士，任翰林大学士、国史馆总纂、文渊阁校理、奉天提督学政，还是朝廷宗室觉罗官学汉文教习官，教过咸丰皇帝，誉为“帝师”，受慈禧太后器重。历任兵部、刑部和户部右侍郎，江南道监察御史，河南巡抚、河道总督及广东巡抚等要职，名重一时，是当时江西籍官员中地位最显赫者。他多次担任科举阅卷大臣，还曾出任福建乡试主考。

高安人朱轼（1665—1734），字若瞻，号可亭，康熙

吉安县社边村祠坊

三十二年（1693）江西乡试中解元，第二年中进士。出任陕西学政、浙江巡抚，修筑钱塘江南北海塘为最显著的政绩，做了不少造福百姓的好事实事。入阁后以淳正清廉闻名，皇帝引为辅弼，曾任顺天乡试主考官及雍正二年会试主考官。他逝世后，朝廷罢朝一天，乾隆皇帝亲临祭奠，谕赞其“纯修清德，望重朝瑞”，谥号“文瑞”，这是当时汉人官员难得的哀荣。

还有三位状元，大余县的戴衢亨、彭泽县的汪鸣相、永丰县的刘绎，都是不凡的才俊，这在科举整体实力下降的清代江西，尤为难得。

江西在清代的文科科举有所衰退，而武科却大有进步，

高安市朱家村朱轼墓

武进士比明代多。武举是唐朝武则天开创的，宋代为定制，元代取消，明清又恢复。武举跟文举的程序基本相似，明清也是分童试、乡试，再为全国性的会试，再为殿试。考试内容分三场，场外马射、步射两场和室内策论一场。殿试的内容也是三场，并参考开弓、舞刀、举石三项。对武举的文化素质也有明确规定，除了武艺，还要“副之策略”，能通孙吴兵法等。南宋孝宗还提出“文士能射御，武士知诗书”的要求。殿试录取标准以外场为主，如弓力较强，容易入选。据史载，江西最早的武举进士是德兴人舒贺，于唐大中元年（847）考取。明代江西武进士有74名，而清代则是明代的三倍多，共有264名。各府的名次前六名为:

清代武举试场

南昌府 58 名、抚州府 41 名、吉安府 29 名、赣州府 26 名、饶州府 25 名、广信府 20 名。

武进士中不乏文武双全、功夫顶尖的好汉，在高手如林的武举赛场争霸夺先。据《江西考试史（上卷）》记载，清朝江西武举有三位状元：康熙六年（1667）丁未科永修县秦藩信、嘉庆十四年（1809）己巳科乐平县汪道诚、光绪二十年（1894）甲午科鄱阳县张鸿翥；两位榜眼：嘉庆七年（1826）壬戌科武宁县张大鹏、道光十六年（1836）丙申科上饶县方台；一位探花：道光十三年（1833）癸巳科德兴县张协忠。这为衰退的清代江西科举，抹上了一层亮色。

第二章　科第世家

KEDI
SHIJIA

江西姓氏宗族的先祖，大多是汉末以后，尤其西晋和唐末、宋末年间因北方战乱从各地迁入的士民百姓；还有的是在江西任职的外籍府县地方官，卸任后因时局动荡等原因没回老家，就在江西择地定居，生息繁衍。因而，基本上没有所谓皇室或贵胄豪门嫡传的世家大族；即使有极少数分封到江西的皇家王室或宗室，也是传了数代后沦为平民，遇到改朝换代生存更艰难。只有靠耕读传家、商儒并重，获取科举功名，提高社会地位，才能逐渐成为名门望族。

这些家族往往是两三代甚至许多代先人，凭勤劳累积了一些资产，就办私塾学舍，延请老师，教育子孙后代，并格外重视培育良好的学风，将崇文尚儒的家风世代相传。有的学子家境贫寒，但天资聪颖，学业优异，是可造之才，宗族就会尽力资助扶持，使其继续深造。一旦某位家族成员考上了举人乃至进士，走上了仕途，就成为典范，对家族乃至整个宗族产生强大的影响力；也会提升家族的声望和经济收入，生活更富裕。后辈受到激励，见贤思齐，更会发奋读书，使宗族代有仕宦者，成为科第世家和望族。宗族是家族的扩展，江西有许多宗族，在科举中代出英杰，成为科第世家或名门望族，现选其典型介绍于下。

一、累世科甲之族

在官本位封建思想泛滥的时代，人们心目中的名门世家，并非富甲一方，而是读书人多，当官的多，社会地位高，权势大，并且不是某一代，而是至少延续三四代。如果把四代之内至少有两位以上进士的家族称为科第世家，江西数不胜数。据夏汉宁等所著《宋代江西籍进士地图》中记载，宋代江西进士家族有 547 个；陈秋露在《明代江西进士家族研究》一文中，考证明代进士家族有 121 个。

人们常以“一门三进士”的赞誉，来表明江西科举的兴盛。其实，一门四进士、五进士，祖孙、父子、兄弟均为进士的家族屡见不鲜。安福县车田村的周氏宗祠，署名为“父子兄弟叔侄进士堂”。泰和县罗钦顺于明弘治五年中探花，两个弟弟为弘治十三年同科登进士第，儿子罗珵于嘉靖十七年中进士。同族同村有多名进士的更是不胜枚举。抚州乐安流坑董氏宗族 32 名进士，吉安县万福镇的罗姓秀川派有 33 人中进士，著名词人刘辰翁家乡梅塘镇小灌村 17 人中进士。

安福县甘洛乡三舍村刘氏宗族，誉为“百官村”。始祖是南唐工部尚书刘适，其孙刘璞中南唐进士，以后三代皆为宋代舍生，村名为三舍。该族承继诗书传家的良风，代出名士。共涌现 14 名进士、29 名举人、43 名贡士，七品以上的文武官至少有 140 名。如刘宣官至工部尚书，刘戬明成化年间殿试榜眼及第，刘铎明万历时任刑部郎中，胆识超人，刚正不阿，其女刘淑英是深明大义的爱国诗人和抗清英雄。

吉安县永阳镇曲山村萧氏宗族，是典型的科举世家，明清两代共出进士 25 名，代表人物是明代状元萧时中。他的曾孙萧良有，号汉冲，为科举榜眼，编写广为流传的蒙学读物《龙文鞭影》；他的亲侄萧维祯，历任都御史、南京刑部、兵部尚书等要职，组织军民抗击倭寇，功绩卓著。曲山有荆洲、星灿、阳教、育才等多座书院学堂，都是科举及第者在家乡所建。该村以儒为业者众，有多名儒士在外任训导等，带动了家乡教育的发展。曲山宗祠世德堂，称为“状元祠”，正面石砌牌坊，嵌石刻 19 块，镌刻有“状元、榜眼、翰林、大司马”等各类功名。前堂石柱刻楹联“策对廷前身占鳌头之上，文高天下名题雁塔之先”。

解元
經魁
大中丞
鄉賢
主考
翰林
馬
公祠
德绩延萬載仕宦冠百族
山木發千枝开亿叶直冲青雲非無
玉馬带喜迎新

吉安县曲山村状元祠

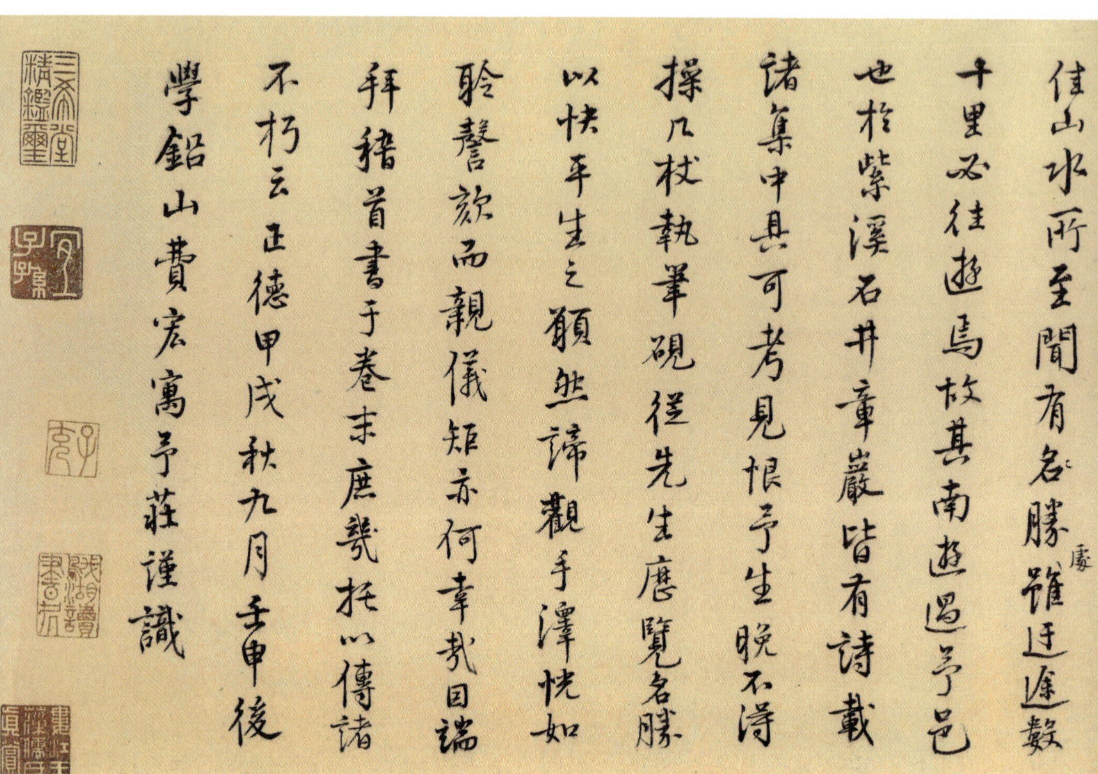

铅山县横林费氏为“西江甲族，科举世家”，在明朝中后期涌现进士 6 人，举人 11 人，贡生 23 人，出现叔侄兄弟同榜题名的佳话，称其“叔状元侄探花连登科第，兄宰相弟尚书并作名臣”。前几代通过农耕和商贸积累财富，转变为科举世家。到第六代的费宏，为明成化年间状元，官至内阁首辅，在政坛和文学史上产生了重要的影响。他的兄弟费寀官至礼部尚书；费寀的儿子费懋中，为殿试探花；第八代仍有数名举人，出现数代百年金榜题名的盛况。

费宏《跋朱熹城南唱和诗卷》

《江西考试史》中，引用许怀林《江西通史（北宋卷）》第八章《科举人才的涌现》未刊稿，列举了北宋江西累世科甲的几个家族：

宜黄乐氏：文化世家，四代 6 人中进士。乐史在南唐李煜时为秘书郎，入北宋后为平原县主簿，太平兴国五年（980）以现任官举进士，先授武成军掌书记，后赐及第。其子乐黄裳、乐黄目、乐黄中在淳化三年（992）同举进士。咸平元年（998）子乐黄庭又中进士。天圣八年（1030），

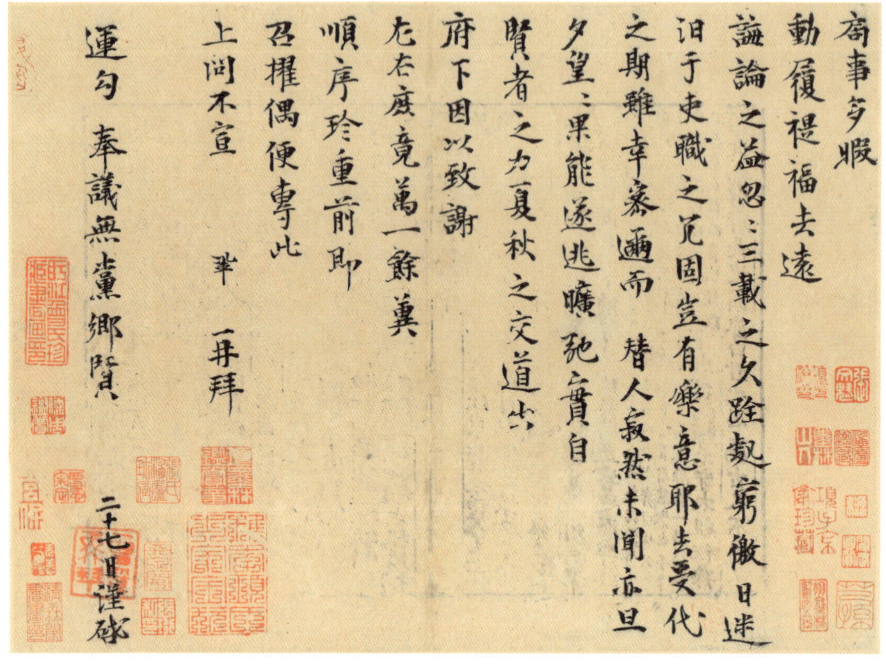
局事多暇
動履禔福去遠
誨論之益忽忽三載之久跧處窮微日迷
汩于吏職之冗固豈有樂意耶去受代
之期雖幸密邇而　替人寂然未聞亦旦
夕望望果能遂逃曠弛責自
賢者之力夏秋之交道出
府下因以致謝
左右庾竟萬一餘冀
順序珍重前即
召擢偶便專此
上問不宣　鞏　再拜
運勾　奉議無黨鄉賢
二十七日謹啟

曾巩《局事帖》

黄裳之孙乐滋中进士。乐黄目官给事中兼左庶子，乐黄裳、乐黄庭皆至太常博士。

临川王氏：王安石一家之中，自他的祖父辈至他儿子名下，从咸平三年（1000）至熙宁元年（1068），69 年间先后有 8 位进士：其叔祖王贯之咸平三年（1000）、父王益大中祥符八年（1015）、王安石庆历三年（1043）、从弟王沆庆历六年（1046）、兄王安仁皇祐元年（1049）、从弟王安礼嘉祐六年（1061）、王安国熙宁元年（1068）、子王雱治平四年（1067）中进士。

南丰曾氏：从宋朝初年开始，子孙一代接一代科场报捷。曾致尧太平兴国八年（983）进士，其弟士尧，淳化三年（992）进士。子易从，咸平三年（1000）进士；易占，天圣二年（1024）进士。嘉祐二年（1057）一门6人同榜及第：曾巩（易占子）及其弟牟、布，从弟阜，妹婿王无咎、王几同时赴京应考，皆榜上有名，无有遗者。此外，曾致尧家族中还有曾易则、曾舜举、曾叔卿、曾咠、曾庠（易占侄）、曾宰（易占子）、曾觉、曾肇（易占子）等人，都中了进士。

高安刘氏：刘涣、刘恕、刘羲仲祖孙三代人博学而特立，高节尚义气，称高安三刘。刘涣，天圣八年（1030）登进士第；刘恕，皇祐元年（1049）进士；恕之弟刘格，虽然乡举不第，却“以文学显”，黄庭坚说他“胸中峥嵘书万卷”。刘恕长子羲仲，从小随侍，继承家学，读书数千卷，无不贯穿。因《资治通鉴》书成，赐官郊庙斋郎，后入史馆为检讨，人们评他“志操文义，早知名于士大夫”。

新余刘氏：刘氏的一支由庐陵迁新余，开创读书中举传统的人是刘式。他在南唐后主时去庐山借书苦读，五六年不归，考中明经科第一。其子刘立之，大中祥符元年（1008）中进士。孙刘敞、刘攽庆历六年（1046）同时中进士，曾孙刘奉世，嘉祐六年（1061）进士，与其父敞、叔攽合称“三刘”。

峡江罗田乡孔氏：先祖自唐末避乱定居，其后代到宋仁宗时接连中进士。嘉祐元年（1056）孔文仲中进士，嘉祐八年（1063）孔武仲中进士，治平二年（1065）孔平仲中进士，兄弟三个皆以文名于世，人称“三孔”。黄庭坚赞曰：“二苏上联璧，三孔立分鼎。”

清代江西进士虽比宋明有大幅度减少，但进士家族仍然屡见不鲜。新干县王言于康熙十八年（1679）中进士，其子王泰生于雍正二年（1724）、其孙王云焕于乾隆六年（1741）、云焕之弟王云翔于雍正十年（1732）中进士。南昌熊氏家族，熊一潇为康熙三年（1664）进士，其子熊本为康熙四十五年（1706）进士，本之子熊学鹏为雍正八年（1730）进士，学鹏子熊福中为乾隆二十二年（1757）进士。新建裘氏家族，裘召弼于康熙三十六年（1697）中进士，其子裘曰修于乾隆四年（1739）中进士，曰修子裘麟于乾隆二十五年（1760）中进士，麟子裘元淦于嘉庆十年（1805）中进士。新建曹氏家族，曹家甲康熙三十六年（1697）中进士，其孙曹秀先于乾隆元年（1736）中进士，秀先曾孙曹熊于嘉庆四年（1799）中进士，熊子曹联桂于道光十五年（1835）中进士。

二、修水黄氏家族

九江市修水县双井村黄氏家族，是宋代江西的名门望族，世代书香，科举世家，人才辈出。最负盛名的江西诗派创始人黄庭坚，在文风浓郁的家族里成长，成为诗书画三绝的文坛巨匠。他的后代传承文脉，同样在科举中屡屡金榜题名。

黄庭坚（1045—1105），字鲁直，号山谷道人，又号涪翁、八桂居士。从小敏慧过人，读书数遍便能背诵。治平四年（1067）中进士，先后在地方和京城任职，在国子监任教7年之久，几起几落，仕途坎坷。苏轼赞黄庭坚的诗“超轶绝尘，独立万物之表”，他的名声“始震”，为“苏门四学士”之一。他能诗、能赋、能词、能文，又擅长书法，人们常把他与苏轼并称为“苏黄”。他作诗的章法、句法、语言和风格都独具一格，创“江西诗派”，以“无一字无来处”“点铁成金”“脱胎换骨”为宗旨，在我国文学史上占有重要地位。

修水县黄庭坚纪念馆雕像

黄庭坚的成长，与其家族的家风学风密不可分。正如南宋名相周必大在《黄文节公祠记》中所说：“家学有声，而先生出焉！”黄氏祖居金华，黄庭坚的先祖黄赡向南唐王朝上书献策，但未被重用，仅任分宁（今江西修水）县令之职。正值五代混乱之际，就定居在分宁双井。黄赡的儿子黄元吉“买田、聚书”，并“乐以家赀赈乡里”，人称豪杰之士。元吉的兄弟元绩、元迈中南唐进士。

黄元吉的孙子黄中理，是黄庭坚的曾祖父。据同治《义宁州志》载，他“深沉有策谋，而隐约田间，不求闻达”，“聚书万卷，山中开两书堂（芝台、樱桃洞书院）以教子孙，养四方游学者”。前来游学的常数十百人，“故诸子多以学问文章知名，黄氏斯为盛”。宋代，双井黄氏文风极盛，世家子孙有文名可考者逾百人，中进士的有四五十名。

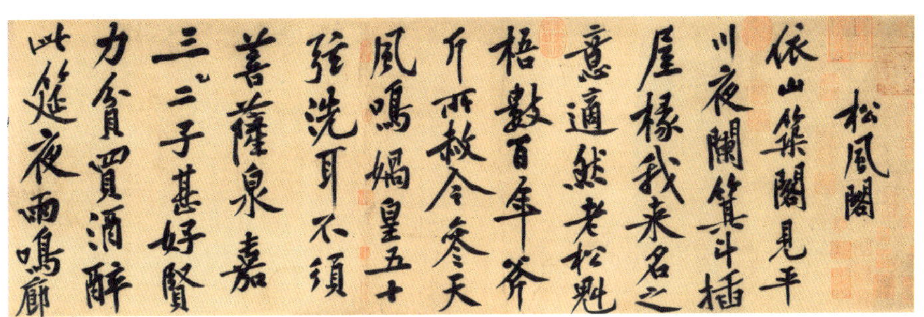

黄庭坚《松风阁诗》（局部）

黄中理长子黄茂宗是黄庭坚的伯祖，中进士后授随州节度判官，为双井两书院的师长，黄氏子弟大都出于他的培育。同辈叔伯兄弟 10 人，有 8 人中进士。十兄弟中的黄注，为黄中雅之子，中理之侄，年轻时与父亲在随州，曾与欧阳修为“道义之交”。

黄庭坚的祖父黄湜，官至朝散大夫。父亲黄庶，从小读书就仰慕“古来忠臣义士奇功大节”，曾撰文说：“《易》曰：积善之家必有余庆，积不善之家必有余殃。”这种忠义善行的家风代代传承，“日进于德”，于是世代书香，几朝官宦而“持正”。黄庶曾经出任过几个州郡的佐官，虽有好的官声，但仕途并不得意，因而着意于诗文创作和培育后代，儿子黄大临、黄庭坚、黄叔达都有文学名声。

黄庭坚的同辈兄弟中亦有多人与他同时蜚声文坛。最出色的是黄叔敖。黄叔敖是黄廉的幼子，母亲是著名学者刘涣之女，舅父刘恕也是著名史学家、文学家。黄叔敖中进士后任广东和湖北转运判官、秘阁修撰，南渡后官至户部尚书，著有讲义、文集、奏议各 10 卷。

黄庭坚子侄辈中名声最大的当数黄次山，宣和元年（1119）国子监上舍试前列，历官扬州教授、池州司理参军，建炎初年迁尚书员外郎，京东西路安抚使，筠州知州。黄相，字小德，是黄庭坚晚年时得的儿子，官至员外郎，也工于诗。黄庭坚孙辈中当数黄䓞成就较大，䓞字子迈，是黄霍的儿子，人们称赞他“官大屡持节，家贫犹典衣”。他的诗、字，虽承祖父黄庭坚，但时现新意，自成一家。黄苗，字子耕，曾入朱熹门下，以舍选登进士第，历官大理主簿，知台州、袁州，著有《复斋集》，编录《朱子语类》传世。黄然，字超然，黄相之子，官至江东提刑，台州知州，工诗。

双井黄氏，人才辈出，直到元、明以下，志书仍有记载。黄文节公祠，始终由其后辈奉祀，明末与濂溪书院合并，改名濂山书院。黄氏后裔始终以攻读经史、作诗、作文为传家之风。元代著名文学家虞集在《跋双井黄氏家谱后》中说，黄氏“孝友清节，百世之士也，其所保族于久远也，宜哉”。

三、鄱阳洪氏家族

南宋名臣大儒鄱阳人洪迈，学识渊博，著作等身，有文集《野处类稿》、志怪笔记小说《夷坚志》、编纂《万首唐人绝句》等。尤其是笔记《容斋随笔》，集历史、文学、哲学、艺术等方面的掌故、知识和评述于一书，以资料丰富、格调高雅、议论精彩、考证确切等特点，卓然超越于众多的同类著作之上，被誉为“垂范后世”的佳作，有很高的文化价值，对当政者具有资治作用。

洪迈和伯祖洪彦昇、父亲洪皓、兄弟洪适、洪遵三代五人，是北宋至南宋期间的政坛显宦、文学巨子，活动于徽、钦、高、孝、光宗五朝，影响扩散至北国与南疆，惠及后世，在中华文明史上留下了不朽的篇章。

洪迈的先祖经艰苦创业，积累财富后重视对后代的培养，逐步由以耕种商贸维生的农户转变为科举之家、名宦门第。唐末五代期间，社会动荡，人口大迁徙。洪氏先从黄河中游迁居到徽州歙县，若干年后，再迁到饶州乐平县（今江西乐平市）岩前山村。洪迈的高祖洪士良（996—1069），志在“振起门户”，改变地位。他“重德重义”，农商并举，加速致富。于是奋力农耕，积贮稻谷，运往饶州出售，再贩回鱼盐百货，供应乐平乡村。他在岩前与饶州之间的滃港建立中转站，存储商货，又置新田庄。因经商所需，由岩前迁鄱阳，又迁居饶城。洪士良富而思文，开设家塾，礼聘儒师教授子弟。儿子早逝，力促两个孙子读书入仕。长孙彦昇果然考中进士，实现平民向官宦阶层转变的重要起步。此后，洪氏家族走向子孙取高科、登显仕的官宦时代。

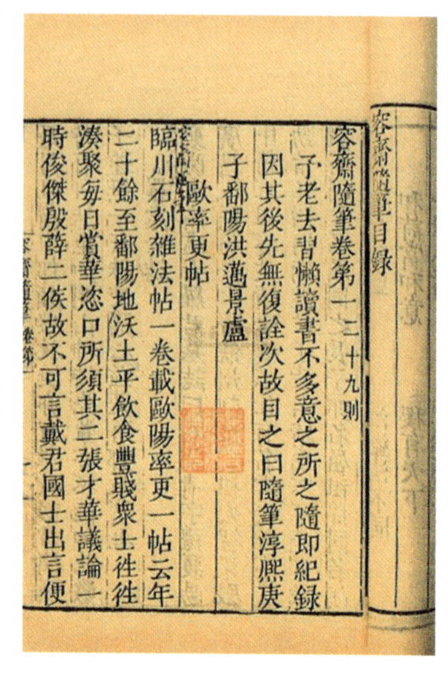
容齋隨筆目錄

容齋隨筆卷第一 二十九則
予老去習懶讀書不多意之所之隨即紀錄
因其後先無復詮次故目之曰隨筆淳熙庚
子鄱陽洪邁景盧
歐率更帖
臨川石刻雜法帖一卷載歐陽率更一帖云年
二十餘至鄱陽地沃土平飲食豐賤衆士往往
湊聚每日賞華恣口所須其二張才華議論一
時俊傑殷薛二侯故不可言戴君國士出言便

洪迈《容斋随笔》

洪彦昇是洪迈的伯祖，首任常熟县尉，后来以出众的才能擢升朝官，为监察御史、殿中侍御史、给事中等职。虽然出身“寒微”，“孤立”朝臣之中，却正气凛然。为监察官5年，弹劾大臣“见利忘义，唯货是图”，抨击士大夫溺好算命巫术和佛教的时弊，毫不气馁。洪彦昇为子侄树立了很好的榜样，他的儿子洪昕，从家塾升入国子监，学业大进，考试屡次获得优秀。侄子洪皓，受其教育和影响颇深。

洪迈的父亲洪皓（1088—1155），政和五年（1115）中进士，首任海宁主簿，断然惩治劣绅，按家财征收绸绢，革除豪户逃税之弊。继任秀州司录，遇水灾，自请负责赈济重任，不顾触及死罪的危险，截留上供纲米四万斛供灾民度荒，“前后所活九万五千余人”。秀州人民感激他救苦救难之恩。建炎三年（1129），洪皓奉命出使金朝，不降伪齐，不仕金朝，宁死不丧节辱国。被拘留于苦寒的冷山（今吉林省境）达15年之久，始终坚持气节，与官爵诱惑和杀戮威逼相抗争；不忘使命，多次机智地传送军机情报，供南宋朝廷决策。逢局势转机，洪皓获准南归。宋高宗赞扬他“忠节尤著”，虽汉“苏武不能过”。可因直言时政，忤逆了秦桧，被贬至广东英州（今广东英德）9年，直到秦桧死后，才被允许返回江西，然已重病缠身，在南雄去世。

洪皓出使之时，已有几个儿女。长子洪适（1117—1184）刚13岁，其余尚幼小，而俸禄有限，生活吃紧。洪皓夫人沈氏贤淑知书，携子女往娘家居住，节衣缩食，供儿子读书。洪适兄弟没有辜负母亲的期望，不因寒暑稍停学业，终于成为学识渊博的俊才。绍兴十二年（1142），洪适和弟弟洪遵同时中博学宏词科，3年后小弟洪迈又中此科。兄弟3人连中词科，极为罕见。博学宏词科是科举考试中“制举”

的一种，考试难度最大，不常设，专为选拔天下才杰之士，临时下诏设科，严加考试，皇帝亲临策问，中选者优予官职。因考试太严，中选者极少，后多为高官名儒。

洪适中选时，高宗表扬道：你们的父亲远在北方，兄弟能奋发自立，可以大用。不久，洪适位居尚书右仆射兼枢密使，洪遵官拜同知枢密院事、资政殿学士。洪迈始任端明殿学士，随侍皇帝，以备顾问；后来出任吉州、赣州知州，兴建学宫，建造浮桥等，有口皆碑；又知建宁府和绍兴府。在知婺州（今浙江金华）时，他大兴水利，共修公私塘堰及湖泊 800 多处；又惩治豪强，核减税赋，百姓感激不尽。

四、吉水李氏家族

吉水县盘谷镇谷村李氏家族，属西平王一脉，自七世祖李祖尧在后唐天成二年(927)开基以来，经过千余年的发展，谷村现有人口 1.5 万余人，住户 3000 余户，是江西同一姓氏最大的村落。还有自宋至清分迁省内外的族人遍布赣粤等地，后裔不计其数，均以谷村为祖居地。该村自古重教兴文，至少建有 11 座书院：经训书院、义方书院、桂林书院、神童书院、东湖书院、依仕书院、有裴书院、三益书院、复礼书院、六行书院、文蔚书院等。这些书院，最早建于宋高宗朝，最晚建于清乾隆年间。这里大兴教育，族人在科举考试中连连及第，仕宦官僚，代不乏人，使谷村声名鹊起。

自宋代李彦成中进士始，谷村历代有进士 47 名（包括分迁吉安一带村庄的宗亲以及特奏、恩科等约 68 名），举人 115 名，贡士 95 名，有父子、兄弟、祖孙同为进士，成

吉水县谷村夺魁亭

为美谈，而且并非一时风光，是数代均出名士。如宋代有32名进士，明代9名进士，清代4名进士。其中元代不到百年，有30余年未开科取士，断绝了天下士人之路，而谷村仍有2名进士，3名乡举，7名武举，难能可贵。谷村富厦的李德裕家族，书写了“九子十知州”的传奇。他的子、侄、孙、曾孙、侄孙和一个女婿，都通过科举走上仕途，当过知府或知州。

唐代大将军李晟平叛挽救朝廷，封西平王，谥忠武。谷村李氏名贤传承先祖忠武精神，忠心为国，坚贞不屈，又清廉自律。谷村李日宣是明代兵、吏两部尚书，殚精竭虑，效力于国家，立下功勋。李邈任严州知州时，起兵勤王，奋勇抗金，被俘，誓不归从，英勇就义。理学名臣李中，任过广

吉水县谷村仰承堂

东右布政使、右佥都御史、副都御史等要职，还总督南京粮储，管过钱粮无数，始终勤政清廉。据传，李中自岭南归故里时，有客人来访，李中竟拿不出好酒好食招待客人，只得向邻居借，客人见大官李中竟清贫到这种地步，不忍心吃这餐饭而赶快告辞。明代兵部尚书李邦华受业于名儒邹元标，万历三十二年（1604）中进士后，在知县任上颇有政绩，但因恩师邹元标卷入东林党案，李邦华受牵连难以被重用。他无怨无悔，不改报国之心，常有奏章陈除弊安民之策。直到新皇帝登基，天启元年（1621）才被重用，他先后任光禄少卿、右佥都御史，升兵部右侍郎，又遭阉党诬陷而去职。崇祯元年（1628）才官复原职，承总督河道，改革兵制，协理兵戎要事。担任兵部尚书后，除弊立新，使军队气势面貌一新，又奏陈《更操法》，改战车、易火器、练大炮，提高军队战斗力，是明末难得的军事家。李自成攻克北京，李邦华追随崇祯皇帝自缢身亡。他的族侄李元鼎，中进士后官至广禄少卿。入清后被污免官归故里，和夫人一道尽力培养儿子李振裕，使其在康熙朝历任户、礼、刑、工四部尚书，并成为清代文学大家。谷村人的科第和仕宦，没有因朝代的兴衰更替而终止，保持了家族文化的传承性和连续性。

村中曾有皇帝敕建的“御书楼”“敕书阁”，有因族中登科第者近百人而获得的“百桂堂”匾额，有杨万里、罗洪先、曾同亨、金幼孜、王艮、解缙等名人为谷村所作的诗词、书法，有记载村史和人文的《仰承集》。皇帝和社会名流对谷村的褒扬和关注，使谷村的知名度更高，影响更大。

五、泰和欧阳家族

泰和县马市镇蜀口洲，东临赣江，西隔梅乌江，四面环水，只有一桥与陆地相连。岛上古木参天，盛产茶、花生、芝麻、水果等经济作物，常年花果飘香，似桃源岛国。岛东南蜀江古村欧阳氏宗族，在岛上繁衍生息 800 余年。南宋建炎年间（1127—1130）进士、楚州宝应县知县欧阳献可的长子欧阳祖德，从万安赣江而下择居开基。欧阳氏科第连绵，人才辈出。从明永乐二年（1404）欧阳永俊第一个登进士后，代不乏吏。共涌现进士 21 人，举人 28 人，贡生、监生等 180 多人；有尚书、侍讲、侍郎、庶吉士、左布政、鸿胪寺卿、国子光禄署正、知府、知县、教谕等各种职务的官员 190 多人；出现兄弟五经科第、兄弟朝天八龙、兄弟尚书、父子进士、奕世翰林、三世宪台的盛况。崇德堂和复亨堂两座祠堂里，悬挂大量科举功名和官名的

泰和县蜀江村“进士”匾

牌匾，明代立就的“探花”“解元”旗杆石树在宗祠门前的印台上。尤其是崇德堂大门上的进士匾，21 人的姓名、中榜时间和官职，历历在目。一块块牌匾、一尊尊石碑，彰显宗族的荣耀，展示欧阳氏兴盛的文风和科举的成果。其中，具有代表性的人物，一是礼部尚书、王阳明“江右王门”四大弟子之一的欧阳德，号称“门生半天下”；二是嘉靖五年（1526）科举探花、吏部左侍郎赠工部尚书欧阳铎；三是弘治十一年（1498）乡试夺魁的欧阳云。

一个不大的村庄，在明、清之际孕育出如此众多科举入仕的才俊，究其原因是有良好的文风。从村中心的两座祠堂中，可见重教崇文之一斑。崇德堂斗拱门楼上悬“五经科第”匾，由印台、前院、坊牌、过道、正祠、敕书阁六个部分连成一体。祠堂东边约 50 米处有一口池塘称作“朱

泰和县蜀江村崇德堂拱门

钵”，当与教育有关。复亨堂又称“书屋”，堂名系明代著名思想家、政治家王阳明书法真迹。敕书阁原是珍藏皇帝诏书、官服、祭器和文书谱牒、经典著作的地方，阁内曾设有教室，是教书育人之地。祠前有一口池塘，称为“墨钵”，顾名思义应为读书人洗笔之所。据说学子在池塘中洗笔和砚台，一塘水变成了“墨”色，足见当时读书人之

泰和县蜀江村崇德堂

多，办学年代之久。20 多栋古民居饰有楹联家训，都充溢着儒雅之气，如：“士大夫为我生惜名，敦诗书、尚气节、慎取与、谨威仪，此惜名也；士大夫为子孙造福，谨家规、崇俭朴、教耕读、积阴德，此造福也”，彰显儒家道德观念和耕读为本的思想。村中原建有读书楼，并置进士鼓。《复亨堂祭谱外编》所记载的《读书楼读书歌》和《蜀江读书楼进士鼓》是通俗的劝学劝勤之作。

六、大余戴氏家族

赣州市大余县位于江西西南边境，章江上游，庾岭北麓，西南毗邻广东南雄、仁化，与梅关古驿道相通。自古以来，因山高路险，经济文化相对落后，直到明代，科举入仕的学子一直不多，名人也较少。可古称南安的大余，是宋代理学祖师周敦颐的学术重要起源地和“二程”父子的过化地，明代王阳明又奋力推行教化，播下了文化的种子，到清代有了收获，尤以戴氏为盛。其中以“西江四戴”最为著名，状元戴衢亨和叔父戴均元都高居相位，与父亲戴第元、兄长戴心亨都入翰林，享誉朝野。

戴氏先祖为南唐柱国忠恭公戴安，二十五世传至戴洪度，自隆阜迁居江苏甘泉。清朝康熙年间，二十六世戴时懋携二子戴珮、戴璠往广州谋生，后入籍大庾（现江西大余），耕田作山，努力劳作，有所盈余。戴珮读书为贡生，乐善好施，常接济贫民，侍奉父母很有孝心，家里挂“诚一”门匾，以明其志。戴珮有两子戴第元、戴均元，均聪颖而好学。

戴第元（1726—1787），字正宇，13 岁时参加童生试，入县学为生员，选为拔贡中举。乾隆二十二年（1757）考中进士，授翰林院编修。5 年后担任白鹿洞书院山长，儿子和弟弟随行读书。他主持山西、湖北等省乡试，视学安徽、湖北。擢升御史，巡视南漕，以多识朝廷典礼，历任鸿胪寺、光禄寺、太常寺和太仆寺少卿。他虽公务繁忙，但从不放松对儿子和弟弟的培养。史载戴第元“才大学博，自官翰林，词章推倒一时”。

戴第元的弟弟戴均元（1746—1840），字修原，号可亭，自少勤学，常读书至通宵。乾隆四十年（1775）考中进士，为官 50 年，历仕 3 朝，曾出任江南、湖北、浙江、顺天共 5 次乡试考官，历四川、安徽、山东、顺天 4 任学政，3 次为礼部会试考官。历任翰林院编修，监察御史，内阁学士，江南、河东河道总督，礼、吏部尚书，协办大学士，嘉庆二十三年（1818）入值军机，嘉庆二十五年（1820）拜文渊阁大学士，行宰相事。戴均元谢恩折中有“一门之内，叔侄同此殊施；十载以来，后先构兹荣遇”之句，可见朝廷对他和侄子的器重。

戴第元生有三子戴心亨、戴衢亨、戴纯亨。戴心亨幼年时在父亲任职处求学，与叔父均元年龄相仿，祖父戴珮教他们读书。乾隆四十年（1775）与叔父均元同时考中进

南昌市状元桥（为纪念戴衢亨）

士，乾隆五十二年（1787）乡试，他为湖北学政和考官。他父叔兄弟四人相继担任江南、湖北两地考官，选拔人才，传为佳话，两地人士以之为荣。戴心亨任各种职务，均小心谨慎，事必躬亲，无间寒暑。终因积劳成疾，37岁卒。他的长子嘉谷，历官福州知府、福建盐法道等职。

戴第元的次子戴衢亨（1755—1811），字荷之，号莲士，17岁考中举人，乾隆四十三年（1778）24岁时高中状元，授翰林院修撰。先后做过湖北、江南、湖南等地乡试考官，担任过山西、湖北、广东学政，任会试主考官和殿试读卷官，擢至翰林学士。戴衢亨在任殿试读卷官时，给事中花杰曾弹劾他交结阅卷官舞弊，援引洪莹为一甲一名。朝廷命大臣复审视洪莹试策无误，方知戴衢亨被诬告。戴衢亨去世这一年，庶吉士散馆，洪莹名列一等。嘉庆皇帝对廷臣感叹道："文章自有定评，戴衢亨盖棺论定，心迹已明，应含笑九泉矣！"

戴衢亨文笔极佳，嘉庆初，凡大典撰拟文字，皆出其手。嘉庆二年（1797）加三品卿衔兼军机大臣，转少詹，升内阁学士、礼部右侍郎，转户部，行宰相事。为政谨饬清慎，颇有远见，很受仁宗信任，为嘉庆时重臣。他主张政府应节约开支，不加赋税。在以后的近十年中，戴衢亨升调兵、工、户三部尚书，教习庶吉士，以军功加太子少保、直南书房，协办大学士，充经筵日讲起居注官，翰林院掌院学士，体仁阁大学士。嘉庆十六年（1811）随从嘉庆皇帝巡幸五台，途中得病，回京调治，四月初十卒于西苑直庐。嘉庆帝亲临赐奠，赠太子太师，谥文端，祀贤良祠。戴衢亨生平经术深湛，不负状元之名，著有《震无咎斋诗稿》，散文家恽敬、诗人吴嵩梁都是他的学生。他的儿子嘉端，赐举人，承袭云骑尉。

第三章　鼎甲耀世

DINGJIA
YAOSHI

在“万般皆下品，唯有读书高”的传统社会，无数学子梦寐以求在科举考试中蟾宫折桂，光宗耀祖。可是，科举的道路坎坷不平，山高路险，关隘重重，只有极少数人能越过万水千山，梦想成真。从秀才到举人再到进士，可谓过五关斩六将，千里、万里挑一。因为太难了，民间认为能考中举人、进士的，不是凡人，而是文曲星下凡；尤其是考取进士前三名的“一甲”，更令世人仰望。

一、卓绝的鼎甲骄子

殿试进士前三名的状元、榜眼、探花，又称“鼎甲”。鼎是上古时代祭祀的重器，引申义为国家重器。殿试前三名，如鼎的三柱，合为一甲，称为鼎甲，又称鼎元。要进入鼎甲之列，艰难的程度难以言表。在唐、宋时要攻克州试、省试、殿试三关，明、清时则要通过县府试、乡试、会试和殿试四关，参加十几场乃至数十场考试，经历数年甚至数十年的奋斗，战胜无数对手，才有可能迈入鼎甲的殿堂。

状元之名始于唐，凡举人进京会试，须先到礼部投状报到，时称进士第一名为状元，又称状头。第二名在状头之下，好比是进士名单黄榜中的眼睛，故称榜眼。第三名探花，源于同榜进士要集体到杏园参加宴会，选少年俊秀者为探花郎，探采花朵，叫探花宴。宴会以后，大家一同到慈恩寺的大雁塔下题名以显其荣耀，所以又把中进士称

吉安县状元刘福姚“状元及第”匾

为“雁塔题名”。

鼎甲“金银铜牌”获得者，无疑是科举考试的杰出代表，其数量的多少，往往成为衡量一个地方科举质量高低的重要标准。因全国鼎甲史料不全，缺乏权威数据，据资料分析，江西鼎甲士子占全国比例在10%左右，居领先地位。但因对人物的籍贯和资格认定标准不一，江西科举鼎甲具体数量在各种历史资料中记载不同，数据悬殊。据周銮书先生主编的《江西历代名人传》记载，江西有状元41名，榜眼28名，探花35名，共104名，没有计入武状元和恩科状元。另据李天白著《江西状元全传》记载，有47名文状元，7位武状元，共54名；榜眼45名，探花37名，鼎甲共136名。后者数量多的主要原因，是把几位祖籍江西且外迁多代的士子，还有恩科、恩赐状元列入其中。2018年江西省地方志编委办编撰出版的《江西进士》认定文状元33名，武状元6名，共39名；文武榜眼41名，文武探花43名，鼎甲共123名。本章基本以此为据，再据史料稍做调整，增加了三位状元，共42名，一位榜眼，共42名，探花43

吉安县状元萧时中“状元及第”匾

吉水县探花刘应秋、状元刘同升祠联

名不变，鼎甲总共 127 名。

鼎甲结聚，是江西科举的奇迹。家族鼎甲的有：明永乐十九年（1421）泰和人曾鹤龄中状元，他的孙子曾追于 57 年后为探花；铅山人费宏于成化二十三年（1487）中状元，他的侄子费懋中于 34 年后为探花；永乐二年（1404）吉水周述为榜眼，堂弟周孟简是探花；崇祯十年（1637），吉水刘同升中状元，他的父亲刘应秋 46 年前是探花。地区鼎甲结聚突出的是吉安，有状元 17 名（含南唐王克贞），榜眼 14 名，探花 16 名，共 47 名，占全省总数 127 名的 37%，主要集中在明朝。

夺取“金牌”的状元，格外引人注目，备受仰慕。科举最高级别的殿试，皇帝亲临考场，考卷经考官评出名次，由皇帝做最后决定。按常规，皇帝会阅读前几篇考卷，大多会同意考官评的名次，有时会做调整。殿试第一名称状元，皇帝要用朱笔在卷头姓名处圈点，称为“点状元”。一般是三年才“点”一位，可谓是“皇冠上的明珠”，光耀日月，大魁天下。皇帝在殿前召见以新科状元为首的进士，皇宫的殿门前台阶中间刻有飞龙及巨鳌的浮雕，状元在前面，正好是飞龙巨鳌浮雕的头部，称为“独占鳌头”。

江西 42 名科举状元，出现过几个奇迹。宋代汪应辰中状元时年仅 17 岁，这是 1300 多年科举考试中罕见的；宋代文天祥 21 岁、明代费宏 20 岁就状元及第，都任宰辅，可称绝世奇才。而曾彦 54 岁、刘俨 48 岁才中状元，可谓大器晚成。在政坛高居宰相和内阁首辅的状元，有文天祥、胡广、陈循、彭时和费宏。其中彭时状元及第后的第二年，

玉山县端明书院（汪应辰创办）

永新县三门村“两朝宰辅”坊（纪念榜眼刘沆、探花刘定之）

吉水县状元罗洪先题匾

只是从六品的翰林院修撰，却被破格提拔召入内阁辅政，新科状元入阁把握朝政大权，这是罕见的殊荣，前所未有。彭汝砺、汪应辰、谢一夔、戴衢亨等，都担任过尚书。金溪的吴伯宗，明代洪武年间在乡试、会试、殿试中均夺魁，

“三元及第”，在历代的状元中罕见。

中了状元名耀天下，万众仰慕。可并非每位状元都能建立丰功伟绩，都能做出杰出的历史贡献。从历史价值而言，状元的政治荣誉和社会影响力，远远高于状元本人的功德业绩。有的状元在当时产生较大的影响，但有的被历史长河的浪花遮掩，在民族文化史中知名度并不太高。除了几位官居一品、二品的，大多为中层官员。有个重要原因是有的人考取状元时年龄不轻，从政时间短；有的年寿不高，难以发挥才智。刘俨 49 岁中状元，63 岁时就去世了；彭教 25 岁中状元，42 岁去世；舒芬 33 岁中状元，44 岁去世；刘同升 50 岁中状元，58 岁去世；萧时中 28 岁、胡广 30 岁中状元，都是 48 岁去世；吴伯宗 37 岁中状元，50 岁去世。天妒英才，可他们都英名永存。

二、文天祥『不息』之论

南宋宝祐三年（1255）十二月十五日，文天祥和弟弟文璧一起，由父亲文仪陪同，从家乡吉州庐陵富田去京城临安参加礼部主持的会试。他们到达时，正是热热闹闹的正月。此时南宋京城临安，已建都124年，“依稀十万人家”，茶馆酒坊林立，楼台亭阁遍布，西湖游人如织。文天祥父子在馆舍住下后，去四处看了看。他们不解的是，外患重重，这里却是歌舞升平，达官贵人“直把杭州作汴州”，醉生梦死。

宝祐四年（1256）二月一日，文天祥兄弟在贡院参加了会试。礼部放榜，两人同登贡士，再参加殿试。他们继续攻读3个月，五月八日，参加在集英殿举行的殿试。理宗皇帝亲临考场，与礼部奏报的贡士见面后，关殿封帘开考。文天祥忐忑不安地等待御试策题卷下发。打开卷子，只见那题目很长，500多字。宋朝以来的殿试策题，多是根据理学命题。这次也是，开头第一句便是“盖闻道之大，原出于天”，接着提出问题，说当今灾异发生，人民困苦，人才缺乏，国力困难，军事薄弱，边界紧急，其原因是天道失去了作用呢，还是教化不力？要举士提出对策。还特别说到，皇帝愿听取意见，以澄清政治，以保国泰民安。

文天祥凝视策题、领会内容，脑海中浮现出父亲和师长与自己谈古论今、感叹时政的一个个场面，他们的教诲一一涌上心头。南宋建立以来，北方少数民族政权虎视眈眈，仗着兵强马壮威胁江南，国内政治腐败，人民困苦，积贫积弱。文天祥对政治危机有清醒的认识，对国家的前途和命运深感担忧。他百感交集，文思泉涌，笔蘸浓墨，挥毫运笔。

他以《易经》中“天行健，君子以自强不息”的观点立意谋篇。首先，他演述了“法天不息”之理，认为“不息”为宇宙的根本法则，不息就是变化革新。他指出，天不坠落，在于“运”，地不塌陷，在于“转”，水不腐，在于“流”，日月星辰之所以常新，在于“行”，天地间“生生化化”，总是不停息地运动着。生活在天地间的人，应当“法天地之不息”。引申到政治上，同样是要变通、改革不息。他写道：“自太极分阴阳，则阴阳不息，道亦不息。阴阳散而五行，则五行不息，道亦不息。”“道之在天地间者，常久而不息，圣人之于道，其可以顷刻息邪？”“天地之所以变通，固自其不息者为之，圣人之久于其道，亦法天地而已矣。”文天祥认为，“法天地不息”首先要从思想和精神上振作起来，树立政治改革的决心，然后才能表现到实际行动上来，切实进行不断的改革。他说：“圣人立不息之体，则敛于修身；推不息之用，则散于治人。……立不息之体，则本之精神心术之微；推不息之用，则达之礼乐刑政之著。”文天祥还提出，改革不仅要持之以恒，而且应该兼及内外彼此，全面推开。他说：“既往之不息者易，方来之不息者难；久而不息者易，愈久而愈不息者难。”“不息于外者，固不能保其不息于内；不息于此者，固不能保其不息于彼。”他觉得要达到的改革目的是“大道之行，天下为公”。接着，他以不息之理，直言论政，言辞激昂地提出了四个需解决的现实问题：安民、淑士、节财、弭寇，均应改革不息，自强不息。他提出了自己的政治主张，即苏民困，淳士风，节国用，重宰相，树立公道与直道之政。全文洋洋洒洒万余字，一气呵成。年仅 21 岁的文天祥，能如此全面精当地论述“不息”之论，充分显示了他的卓越才华和对世事、时势的洞察能力。

文天祥的殿试卷经初考官评定为第七名，再经详定官评为第五名。两级考官，都一致认为是篇难得的佳作，其气势、文采、情理都在其他试卷之上。不足之处是言辞过于激昂，对世事的看法有些偏颇。如排的名次太前，恐皇帝亲自点定名次时不太高兴。

理宗按详定官排的名次依次阅卷。前面四本无甚新意，

吉安县文天祥纪念馆

翻开第五本，一看开篇便觉气势不凡，精神为之一振。仔细读去，只见字迹端庄，情理通达，见解深刻独到，朝廷正需如此英才。他把主考王应麟叫过来说："此篇不同一般，你拆开看看是谁写的。"王应麟接过卷子拆开密封的卷头，道："此人姓文，名天祥，吉州庐陵人，21 岁。"理宗高兴地说："天祥者，宋之瑞也！"随即提起朱笔将卷子点为榜首。文天祥后来就将皇帝的赞誉改为自己的字"宋瑞"。

五月二十四日，文天祥考中状元的消息传遍京城，临安万人空巷，争睹这位英姿勃发的庐陵才子的风采。此刻的文天祥，春风得意，踌躇满志。他想，不管今后道路多么坎坷，报国为民的壮志决不动摇。

三、刘辉改过终夺魁

刘辉（1030—1065），字之道，原名刘几，铅山县陈坊乡沽溪村人。他幼年时父母去世，靠爷爷奶奶拉扯长大。出身贫寒的他，从小有远志，稍长便出乡里拜师求学。8年学成，为境内名士，后入朝廷太学。他学习很用功，对先贤经典、先圣业绩烂熟于心，写文章时喜欢引经据典，句句有出处；行文时喜好用怪僻生涩的表达方法，以示学问深厚。在太学里，他的诗文写得最好，人称最得“太学体”的真谛。然而，这位太学的拔尖学生刘几，参加嘉祐二年（1057）礼部贡举却名落孙山。

这一科贡举的主考欧阳修，在考前就与同考官们商量，这次考试，要狠狠打击一下险怪泥古的“太学体”。因为这种文风虽脱离现实，却很吃香，科举及第率较高，使得天下学子纷纷仿效。欧阳修担心这股文风蔓延下去，会使

铅山县信江浮桥

文化走向死胡同。他对考官们说，如果选的是不关心现实、不忧国忧民之士，那贡举还有什么价值呢？他认为，凡以“太学体”作的文章一律不取。他的意见得到了考官们的赞同。

考试结束，评卷紧张地进行。梅尧臣在阅评一份考卷时，发现了这样的句子：“天地轧，万物茁，圣人发。”他拿给欧阳修看，说道：“这样的语句看似精练，却不知所云。‘天地’怎么能‘轧’呢？本是‘万物茁壮’，却故意省掉一个字，为求工整。‘圣人发’更是莫名其妙，不知作者要表达什么。”欧阳修看了，忍不住笑道：“这大概就是太学体的典范之句。我干脆给他续上两句吧。”欧阳修便在试卷末尾写道：“秀才刺（荒谬），试官刷”。接着用红笔在试卷上从头到尾重重地画上一笔，还不解气，再批上“大纰缪”三个大字。他令巡铺人员把此试卷张贴到贡院外墙上，张榜示众。梅尧臣说："早就听说一个叫刘几的是写太学体的高手，这份试卷可能是他的。"待评卷结束，揭开榜头一开，果然是刘几。

满怀希望参加贡举考试，可落得如此下场，刘几很沮丧。尤其是自己的考卷还作为劣质文章示众，使他无颜见太学的师长和同窗。刘几回到家乡，继续用功读书。反思这几年的太学学习生活，刘几渐渐有所醒悟。学那么多古圣先贤的文章而不为现实所用，钻进纸堆里不闻不问当今时事，学习有什么意义呢？另外，刻意仿古，写些自己都不很明白的句子，怎么能让评卷官理解呢？在以后的两年中，刘几尽力改变以往的观念和写诗文的表述方式，多读韩愈、柳宗元的文章，在写作实践中力求"平淡典要"。他在家乡的清风峡，静心读书，在岩石上刻"魁星状元"四个大字激励自己。他还关心时事，体察民间疾苦，纠正过去那种舍近求远、高谈阔论、崇尚奇险之句的毛病，文风大变。两年后的嘉祐四年（1059），刘几为跟过去诀别，改名刘辉参加贡举，被顺利录取，参加殿试。

这次殿试欧阳修又是考官，负责评定考卷名次，呈皇帝审批。他决心再次清除险怪的太学体，为诗文革新运动扫除障碍。欧阳修知道刘几通过了贡举，在殿试之列，便打算把他的文章再揪出来示众。评卷时，欧阳修发现其中一份的文辞怪僻，他高兴地对同考官说："我又抓住刘几了。"拆开卷头一看，是个叫萧稷的，不是刘几。欧阳修心想，这刘几难道改变文风了？殿试的考题是“尧舜行仁”，他发现一篇文章写得特别好，文辞明达，如“静而延年，独高五帝之寿；动而有勇，形为四罪之诛”等，既平朴又意深；再读对策，也很切合现实，有借鉴意义。揭开卷头，考生名叫刘辉。他把这篇文章排在第一名，并建议定为状元。仁宗读了考卷，认为很不错，就同意欧阳修等评卷官的提议。

第二天，新科状元刘辉上殿向皇帝谢恩，欧阳修见自己提名的状元儒雅知礼，很是高兴。在进行烦琐的谢恩礼仪空当，有位参加评卷的大臣悄悄对欧阳修说：“我认识新科状元，他就是上次被你示众的刘几，这次改名刘辉。”欧阳修大吃一惊，谁知这刘几改了名呢？他立即答道：“他的文风转变了，文章通畅而朴实，中状元名副其实。”

后来，刘辉去拜访欧阳修，以表谢意。欧阳修对他改过自新大加赞许，还一块探讨文章的写法。刘辉拿一篇小赋请欧阳修指点，见其中有“内积安行之德，盖禀于天”之句，欧阳修便说：“句中的‘积’字，如果改为‘蕴’就更妥当了。”刘辉道：“恩公所言极是，改此一字，语意更深了。”欧阳修改字之事传了出去，刘辉名声更大了。遗憾的是，刘辉中状元后，担任了几年大理评事、河中府节度判官等官职后，逢祖母去世，回乡守丧，在家中病逝，年仅 36 岁。

四、曾棨师生同鼎甲

明永乐二年（1404），朱棣登基后第一届科举考试，殿试一甲三名状元、榜眼、探花，都是吉安府人，而且三位是师生关系。更为奇妙的是，学生先考中举人，老师落第，中举后与学生一同参加会试，在殿试中囊括鼎甲，老师是状元，榜眼、探花是兄弟，创造了科举史上的传奇。

曾棨（1372—1432），字子启，号西墅，永丰县佐龙乡曾家村人，家境贫寒。父亲曾洵常外出替人帮工，委托兄长督教儿子读书。小小年纪的曾棨，在读书之余还得分担家务和参加劳动。天资聪颖的他刻苦求学，知识学问超过同龄人。曾家因一时找不到合适的先生来任教，于是 15 岁的曾棨便被推举为本族子弟的业师。两年后，因父亲帮工收入减少，家里生活困顿，17 岁的曾棨不得已离开父母远走他乡，在邻县新淦（今江西新干）胡氏家族做私塾先

永丰县状元府

生。20 岁时，曾棨考入永丰县学，两年后参加吉安府试为魁首。正当曾棨踌躇满志，为省里乡试备考时，父亲意外摔伤卧床，使家庭更显得局促。迫不得已，曾棨退出县学。吉水县桑田村周家较为富裕，听闻曾棨虽年轻而学识博洽，又执教数年名声甚佳，还是府试第一名，就聘请他为私塾先生，教授周述、周孟简兄弟。周氏兄弟比曾棨年龄稍大，非纨绔子弟，诚实而聪颖好学，甘拜曾棨为师。师生三人年龄相仿，志趣相投，互相切磋学业，谈古论今，其乐融融。

建文二年（1400），28 岁的曾棨和学生周氏兄弟一同进省城参加乡试。遗憾的是，志在必得的曾棨考砸了，两个学生周氏兄弟却发挥优异，双双中举。这个喜忧参半的结果令曾棨的处境颇为难堪。于是，他不顾周家的一再挽留，请辞回乡，在老家重操旧业，一边继续教授本族子弟，以缓解家庭困窘状况，一边发奋苦读积极备考。没想到，乡试中举的周氏兄弟在次年春闱会试时不中。永乐元年（1403）秋天，江西又举行乡试，曾棨再次参加，终于以优异成绩中举，闯过通向会试的大关。

永乐二年（1404），曾棨师生三人同赴京城，会试合格，一同参加御试。试题是“问兴学立贤之策”。在“策问”中，不仅要求考生论述黄帝、尧舜等先圣如何“垂裳而治，神化宜民”，还要阐述兴学立贤的依据和意义，提出礼、乐治道的对策。试题难度不小，并有现实导向。朱棣因为“靖难”登基，心里总有点不踏实，想兴学立贤以收人心，并规范礼乐制度以巩固皇权。曾棨成竹在胸，略加思考后，便文思泉涌，近万字对策，文不加点，运笔如风。他对天文地理、礼乐刑政、历代兴衰引经据典，妙笔精论。如阐述立贤的重要性：“王者修德行政，用贤去奸，使阳盛足以制阴，则日当蚀而不蚀；若国无政，不用善，小人凌君子，阳微不足以制阴，则日当蚀而必蚀，是亦未尝不同也。”意思是说，一国之君行仁政，则正确的东西可以战胜邪恶的东西；如果不行仁政，邪恶、错误就制止不了。在兴学和礼乐方面，自周至宋，作了详尽的论证。如：“明于天之经，曰钦曰敬为体，而器数之属为用焉；察于地之义，曰祇曰德为体，而政治之事为用焉；周于万物之务，曰中曰极为体，而三德八政为用焉；兴学校必以躬行心得为体，而教育之方为用焉；作礼乐必以敬和为体，而仪文度数为用焉。”他认为这是黄帝尧舜而圣者“推之四海而准，传之万世而信”的道理，“穷天地，亘古今，四三皇，六五帝，而不失天下之显名也”。这篇雄浑的佳作，被评卷官推为一甲第一名。朱棣皇帝阅后龙颜大悦，御笔亲题：“贯通经史，识达天人。有讲习之学，有忠爱之诚。擢魁天下，昭我文明。尚资启沃，惟良显哉。”曾棨中状元后，历任翰林院修撰、侍读学士，后迁右春坊大学士，入值文渊阁。

学生周述、周孟简，深得老师的学问精髓，分别中榜眼、探花，师生包揽一甲。周述和周孟简虽名为堂兄弟，其实是同胞，因叔父死后无子，孟简过继给叔父。据传，殿试定名次时朱棣皇帝本打算定周孟简为榜眼，当得知他是周述的堂弟后说“弟不可先兄”，就将周孟简定为探花。朱棣对周述的御批是：“环伟之才，充实之学。朕用尔嘉，擢居第二，勿自满假，惟时懋哉。”对周孟简的御批是：“辞足以达意，学足以明理，兄弟齐名，古今罕比，擢尔第三，勉其未至。罔俾二苏，专美于世，钦哉。”朱棣把他俩比作苏轼、苏辙兄弟。

五、罗伦殿试著宏篇

罗伦（1431—1478），字应魁，一字彝正，号一峰，永丰县瑶田镇水心村人。父亲罗修大，一生没有仕进，只是个穷秀才，但为人处世耿介忠信。罗伦从小就聪颖好学，在祖父罗善耕的督导下学业进步很快，常获私塾先生夸奖。据传他和小伙伴们上山砍柴或者放牛，常携带诗书一本，在闲暇间隙随手翻阅。有一次因为沉迷书中，自家的牛将邻家的菜地吃了一大块，被人告上门来，惹得罗母又气又笑。为了补充家庭经济来源，他 14 岁时就设帐授徒教学乡里，颇有年少老成的师道风范。罗伦 25 岁时参加江西乡试中举，可由于家庭陷入贫困，不得不暂时中断举业，在县城设帐授徒，聊以济困。7 年之后，家里经济状况稍有好转，罗伦奔赴北京参加会试。天有不测风云，就在临考的前 3 天清晨，罗伦所居馆舍突发大火，烧及连街店铺数十家。

永丰县状元府罗伦塑像

罗伦在睡梦中惊醒，周围已是火海，幸而被一拄杖的老人带出。火灾烧死 30 余人，同室的旅人唯独罗伦逃过一劫。可旅资及考试证件资料等被烧毁，无法参加考试，只得悻悻回到老家重操旧业。3 年后的明成化二年（1466），35 岁的罗伦再次赴京会试，以前三名优异成绩参加殿试。

殿试的题目是“问治道之纲目”，要求举子论述历代治国之策，依据历史经验阐述当今治国之道。罗伦审题后，从父子、君臣、夫妇、长幼、朋友之伦为治之大纲说起，认为礼乐、刑政、制度、文为之具是治道的万目，而心又为正大纲举万目的根本，学又为正其心、正大纲举万日的根本。他论述道：“臣闻居天下之大位，必致天下之大治；致天下之大治，必正天下之大本；正天下之大本，必务天下之大学。”他文思滔滔，从尧舜禹汤文武之学到汉唐宋诸君天下之位，从往圣治道之策到大明历代圣君之道，从历史教训到时政弊端等多个角度，阐述了自己的治国之策。

罗伦自幼饱读诗书，对儒家经典烂熟于胸。从 14 岁步入社会到参加会试，20 余年几经坎坷，对现实、对百姓的苦乐、对民众和士子需求，有深刻体会和了解。于是，他结合儒家学说，切合现实，直指时弊，对朝廷面临的社会矛盾、百姓的疾苦、吏治的腐败做了揭露，分析产生的原因，提出解决的对策，比书斋里的儒士眼界更开阔，对现实的认识更深刻。他越写越来劲，发的考试用纸不够用，请求监试官增加答卷纸，得到同意；领到纸后继续写，又不够，再请求添纸，以便尽情倾谈心声。据说到了闭馆时间，可罗伦意犹未尽，请求延长半个时辰。监试官见他如此奋力，竟然同意，天暗了就增发蜡烛照明。他最后论述道："《易》曰：'正其心，万事理。差之毫厘，谬之千里。'董仲舒告武帝曰：'尊其所闻则光明矣，行其所知则高大矣。'高大光明，不在乎他，惟在乎加之意而已。""苏轼对仁宗曰：'天下无事，则公卿之言轻如鸿毛；天下有事，则匹夫之言重于丘山。'今天下不可谓无事矣，臣愿陛下不视臣言如鸿毛，而视臣言如丘山，则天下幸甚，生民幸甚。"

这篇万字宏篇，立论明确、层层迭进、旁征博引、史料翔实，受到评卷官的一致好评，排在第一名。按规定，试卷还得由专职人员重新抄一遍再评阅，以防阅卷官识得字体或考生作暗记。这下可苦了卷子的誊正者，竟抄了 30 多幅。更苦的是读卷官，第一名试卷按朝规要主考官朗读给皇帝和大臣听。大学士李贤朗读试卷，因卷子太长，又年老，跪得过久，一时起不来。宪宗见状，立即命两内臣将李贤扶起赐座。

罗伦中状元后授翰林院修撰，因直言得罪权臣被谪泉州，次年复官改南京。他深感官场险恶，仅为官 3 年，便辞官回乡，隐于金牛山。创办书院，讲学著述，生活清贫，却每日孜孜不倦讲学传道。48 岁去世，前来吊唁的江西御史赞颂道："三载状元天下有，一峰（罗伦的号）声价世间无。"

六、错失状元的才俊

殿试考卷经封卷、誊卷、阅卷、评卷等严格的程序排出名次，呈皇帝定夺。一甲三名是重点，皇帝审阅试卷后大多会依从考官评定的结果。但有时因皇帝喜好或偶然因素，会更改名次。此类情况有的记载在史籍中，有的是民间传说，有的是据零星史料推测想象。有几个江西籍士子与状元失之交臂的故事，成为世人茶余饭后的谈资，广为传播。

黄子澄（1352—1402），名湜，号伯渊，今新余市分宜县大岗山澧源村人。洪武十八年（1385）参加礼部会试，以《见其礼而知其政，闻其乐而知其德》一文，获得屠宋峻、李岱云两位主考官的赏识，名列第一名，称为会元。据传，殿试评卷结果也是第一名。朱元璋接见新科进士，见最前面的黄子澄很是俊雅，较为满意，就是年纪稍大点，顺口问他年龄几何。他说 34 岁。朱元璋再问他哪年出生。黄子澄可能是太紧张了，想了一会竟然回答不出。朱元璋有些不耐烦了，就将他降为第三名探花。黄子澄初授翰林院编修，不久升修撰，伴读东宫，课教太孙，累升直至太常寺卿。朱元璋的孙子朱允炆是明代第二位皇帝，黄子澄是他的老师，登基后每呼黄子澄必尊称“黄先生”，对他很敬重。朱允炆曾问“黄先生”，叔叔们都是藩王，都拥重兵，如有变端，怎么办？黄子澄回答说，应该削其势力，倘若有变，立即强兵镇压。可是，朝廷削藩不力，燕王朱棣起兵“靖难”，还是夺了帝位，黄子澄等拥戴朱允炆的大臣被杀害。

王艮（1368—1402），字敬止，号止斋，吉水县水南镇带源村人。富有才学，在江西乡试中考取第一名。在建文二年（1400）的科举殿试中，也被评卷官推举为第一名。据史载，皇帝在召见新科进士时，觉得王艮“貌寝”，就是长得不太好，据说矮而黑，还有只眼睛不太方便，就将他降为第二名榜眼。消息传到家乡，一片哗然，乡人很失望，更不服气，怎么能以貌取人呢？皇帝不认他为状元，我们自己认，王氏家族一直称王艮为状元公。没中状元，他并没有不满，更无怨恨，对朝廷依然忠心不二。燕王朱棣起兵争夺皇位，平叛官军节节败退。朱棣攻到南京附近，在翰林院任职的王艮跟同僚说：“我们深受皇上的器重，不能做出忘恩负义之事。朱棣犯上作乱，大逆不道，要与他斗争到底！”有人劝他识时务，说不管谁当皇帝，都是朱家天下，做臣子的不必操那么多心。王艮不同意，说："忠君为臣第一要务，如果皇上被朱棣所取代，我决不做篡位伪君之臣。"在朝廷供职的同乡也劝他不能走进死胡同，他置之不理。朱棣的靖难军攻城时，南京一片混乱。王艮见建文帝无力挽救残局，便闭门哭泣不已。他对妻子说："我受皇上知遇之恩，无以报答，只有以性命相报了。"说完，便服毒自杀了，时年 34 岁。建文帝闻讯十分感动，派礼部大臣前往祭吊。王艮以生命换得了忠义的荣耀，有人认为他是愚忠，不值得。可他有自己的原则立场，不管后人怎么评说，家乡人对他的忠君之德和绝代才华都很敬慕。

孙曰恭（？—1453），字恭斋，号翼庵，丰城市秀市镇同造村人。据民间传闻，明永乐二十二年（1424）科举殿试，评卷大臣拟定孙曰恭为第一名。朱棣皇帝审阅殿试卷，对他的文章很欣赏，也有意把他点为状元。可一看名字，就有几分不悦："孙暴怎能做状元？"因为古代文章是从右往左竖排，文字从上往下书写，曰上恭下看上去像暴字。主持阅卷的大学士、泰和人杨士奇连忙解释："不是孙暴，是孙曰恭。"不管杨士奇如何解释，朱棣就是觉得不顺眼。朱棣为何忌"暴"呢？因为他发动"靖难之役"夺得皇位，对"暴"字特别敏感，倡导以文治天下。朱棣将排在第三名的邢宽点为状元，因其姓名谐音为刑宽，孙曰恭降为探花。这可能是民间艺人根据孙曰恭三字编出来的故事，但也饶有趣味。

帅方蔚（1790—1871），字叔起，号偲闻轩，奉新县宋埠锁石人。自幼聪明好学。参加清廷殿试时，阅卷大臣、户部尚书黄敏勤认为他的文章精深而精妙，为 30 年来所罕见，以第一名进呈。道光皇帝觉得书法不很工整，降为第三名探花。可他的殿试对策流传出宫，京城儒士学子们争相传抄，一时“洛阳纸贵”。朝鲜国得知，派人花重金在书店购得一份，如获至宝。江西巡抚刘坤一主修光绪《江西通志》，特聘他与永丰人、状元刘绎，前大理寺卿、临川人李联琇一同撰修；后来他还主纂《奉新县志》。

第四章　科举盛事

KEJU
SHENGSHI

在科举制度的实行中，江西涌现科举进士万余名，其中有的成为著名政治家、文学家、史学家、思想家和科学家。一代代俊杰，为民族的发展和进步做出了贡献，像群星闪烁在我国历史文化的长廊，熠熠生辉。其中，数位杰出先贤在科举制度的发展进程中，创造了影响深远的丰功伟业，书写了科举史册中的雄篇。

一、王定保撰科举制专著

在我国科举发展史中，唐朝是最重要的朝代。它不仅将隋朝始创的科举选士制以国策的方式确定下来，还制定了一套规则和程序，后来历朝科举都是在此基础上发展的。但是，官方文案只记载了科举的制度和形式，而当时的考生是怎样参加考试的，有什么礼仪，考官和考生有什么瓜葛，评卷定名次有何猫腻，选士用人有什么弊端，名士大儒有什么故事，等等，这些都不见官方史志的记载。还有唐代“三十老明经，五十少进士”的俗语；“太宗皇帝真长策，赚得英雄尽白头”的诗；唐太宗李世民在科举放榜之日，亲临端门，看见进士在榜下接连走出，很高兴地对侍臣道“天

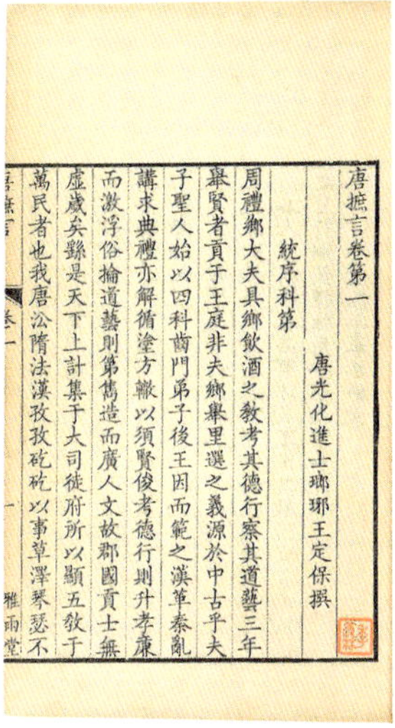

下英雄，入吾彀中矣”的说法，都是正史中见不到的。

王定保《唐摭言》

但这些，都被一位叫王定保的江西人，在专著《唐摭言》中生动地记录下来了。“摭”的意思是拾取、摘取。这是自谦，其实，这本书详细而确切地记载了唐代科举制度、文士风习，以及诗人墨客的遗闻逸事，书中还记录了唐代许多诗人的零章断句，有些是其他诗集和史料中所缺失的，十分难得。

15卷《唐摭言》，是记录唐代科举制度和掌故的重要专著，是研究唐代科举制度、文人生活、社会现象等的必读书，无比珍贵。后世的著作凡是谈及唐代科举制度，都往往从中援引资料，是江西人为科举制的研究和发展所做的杰出贡献。

王定保（870—940），字翊圣，南昌人，唐末进士。曾任南汉宁远军节度使、中书侍郎同平章事等职，是相当于宰相的高位。王定保是五代人，离唐代很近，他又乐于考察科第之事，常咨访先辈，收集资料，将听到的及时记录下来。向他提供材料的有丞相、翰林侍郎等，如名流王溥、王涣，跟他同年的进士卢延让、杨赞图、崔籍等许多人，都是当时的显贵或名士。书中所载多是他亲眼所见或亲耳所闻的事情。因此《唐摭言》中有的历史记载带有考证性质，比较信实可靠。

《唐摭言》记录了唐代两都贡举、京兆府解送、过堂、关试、宴名、敕赐及第、别头及第、朝见等科举制度的流程和礼仪，还有及第人士的节操、讲义气、以德报怨、为乡人轻视而得者等事迹。尤其对唐代进士科的记载甚详："进士科始于隋大业中，盛于贞观、永徽之际。缙绅虽位极人臣，不由进士者，终不为美。"这是进士科创立时间最重要的记载，后人以此为凭。书中列举了"孤寒"及第而登高位的事例，"随僧斋飡""为诸僧厌怠"的王播，便是流传甚广的一例。书中反映了唐代科举的弊端，如请托、通关节、场外议定名次等无所不有。如试卷不糊名，取录进士除看试卷外，还要参考甚至依据应试者平时的作品和声誉。因此，应试者必须向"先达闻人"，尤其是参与决定录取名单的权要，呈献自己平时的力作，争取他们的"拂拭吹嘘"。这在当时被称为"行卷"，以至"公卿之门，卷轴填巷"，有的人对送来的作品连看都看不过来。当然也有不遗余力提拔新生力量的人，如韩愈、皇甫湜奖掖牛僧孺，吴武陵力荐杜牧等。书中还记述了不少唐代诗人文士的遗闻逸事，有不少为正史所不详述者，可以窥见当时文人风貌之一斑；又保存了不少唐人别集所失载的断章零句。李慈铭在《越缦堂读书记》中指出：“唐人登科记等尽佚，仅存此书，故为考科名者所不可少。”

书中所载白居易以歌诗谒顾况，柳公权奉敕赋诗救宫嫔，孟浩然遇明皇而“无官受黜”“以诗自悼”而被唐明皇逐出宫廷等逸事，都是很珍贵的文学史料。还收集了拾金不昧的裴度、愿娶独眼女的孙泰、解囊济人危困的郭元振、拜小吏为师的李相，还有白敏中不为状元名位所诱、不“轻负至交”的故事等，都是历代传诵的佳话，至今仍为人们津津乐道。

二、朱熹著科举标准教材

自汉代董仲舒提出的“罢黜百家、独尊儒术”被统治者认可后，儒家思想就开始在我国传统思想文化中占据核心地位，也是用人选士的重要考评内容及取舍标准，在科举中得到充分体现。唐朝科举考试的常科有秀才、明经、进士、俊士、明法、明字、明算等数十种。其中明经、进士两科逐渐成为主要科目，最初都只是试策，考试的内容为经义或时务，以儒家文化思想为主，高宗以后进士科尤为时人所重。宋代基本延续了唐代的科举理念。到了南宋

南昌大学内朱熹雕像

理宗时期，朝廷将朱熹的《四书集注》审定为官书。元朝延祐年间（1314—1320）恢复科举考试，正式把出题范围限制在《四书集注》之内，明、清沿袭，题目也都是在《四书集注》之中。

《四书集注》是封建社会中后期600多年间，科举考试的标准教材、评卷依据和考试的标准答案，跨越四个朝代。多少启蒙学童、多少求取功名的学子儒生，把此书当作教科书、必读书，孜孜不倦地研读、理解，直至滚瓜烂熟，为能科举及第而存储知识能量。在我国教育和科举史上，其影响力不言而喻。

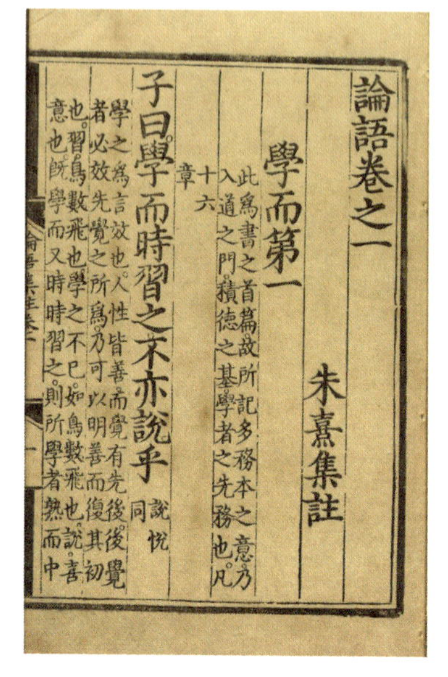

論語卷之一

朱熹集註

學而第一

此爲書之首篇故所記多務本之意乃入道之門積德之基學者之先務也凡十六章

子曰學而時習之不亦說乎 說悅同

學之爲言效也人性皆善而覺有先後後覺者必效先覺之所爲乃可以明善而復其初也習鳥數飛也學之不已如鳥數飛也說喜意也旣學而又時時習之則所學者熟而中

朱熹《四书集注·论语》

《四书集注》的作者朱熹（1130—1200），婺源人。他的父亲朱松，进士出身，对儿子要求严格，不仅以儒家经书进行教导，还讲授古今成败兴亡之理，教育他关心民族社稷安危和社会现实问题，树立抗金必胜的思想和信念。朱熹严守父训，刻苦读书，青少年时代精心研读儒家主要著作，广泛涉猎各家学说和格致之学，学业猛进。绍兴十八年（1148），19 岁的朱熹考中进士。但他前前后后只当了 9 年朝廷命官，一生主要历程是讲学传道和研究学问。他继承“二程”，又独立发挥，形成了自己的体系，后人称为“程朱理学”。在朝廷的重视下，朱熹的学说成为理学的正统，理学成为官方哲学，对后世产生巨大而深远的影响。

朱熹有两件与江西有关的事情很著名。一是督促星子县（今江西庐山市）县令王中杰等人，在“白鹿国学”的基础上，建立白鹿洞书院，置办学田，供养贫穷学士，亲自订立较为完善的学规，即著名的《白鹿洞书院揭示》，被誉为“天下第一学规”。二是淳熙二年（1175），吕祖谦邀请朱熹与陆九渊兄弟等，在上饶铅山鹅湖寺，参加学术讨论。朱、陆进行激烈的争论，称为“鹅湖之会”，虽然分歧很大，但仍为我国思想史上的佳话。朱熹虽然在政治上并未获高位，但在社会上讲学授徒、著书立说，对经学、史学、文学、佛道以及自然科学都有所涉及或有著述，著作广博丰富。

朱熹把《礼记》中《大学》《中庸》两篇拿出来单独成书，和《论语》《孟子》合为“四书”，推敲斟酌，予以解释，合为《四书集注》一书。为什么此书会得到历代王朝的重视，当作科举的教材？因为汉代以后，有不少名儒大家对“四书五经”做过研究，或注释，或解义，或评述。因此对书上同样一段话语，因作者站的角度不同或认识不一，就有不同的解释或评判。汉、唐至北宋，虽也有权威说法，但实际运用中依然存在难以定论的现象。朱熹的《四书集注》，既融会前人的学说，又有自己的独特见解；既注重文字诠释，又着重义理的阐发，是以义理解经的代表作。主要内容发挥了儒家传统观点，论述了道、理、性、命、心、诚、格物致知、仁义礼智等哲学范畴及其关系，体现了以理为最高范畴的哲学体系，具有强调认识方法、修养方法、道德实践的特点，切于世用。于是，该书一问世就受到教育界、学术界的追捧，引起朝廷的关注。朱熹去世后，其学说和著作得到宋理宗的推崇，尤其是《四书集注》对儒家经典的解释，被当时朝廷规定为科举考试的标准答案，成为元明清三朝开科取士的金科玉律。

后来，科举制呈现出僵化的特征，越来越多人开始批评科举。

朱熹自然被当作批判的靶子，把他当作罪魁祸首。最典型的例证，就是说他的《四书集注》是束缚人们思想的紧箍咒，是维护封建统治的教科书。不必讳言，《四书集注》在明清科举中产生了消极影响，但这与作者无关，《四书集注》是朱熹离世后被推上神坛的，这也是他生前不曾预料到的。

其实，朱熹在思想成熟时期，多次批判科举制弊端，有针对性地提出了一系列改革科举的主张。他认为，科举制度和圣道求治之学所追求的目标背道而驰，以科举为中心的学校教育，“不过以追时好，取世资为本；至于所谓修身、齐家、治国、平天下之道，则寂乎其未有闻也”（朱熹《送李伯谏序》）。他提出，举子、学人只会写华丽的文字，用来沽名钓誉，争夺利禄，读书不是为了懂得治己修身的做人道理与齐家安邦的治国之道。朱熹在为学目的上，对科举制进行强烈批评，反对读书人一心只是通过科举考试追求高官厚禄。他认为，由于科举之风盛行，人们读书为学不是为了“求治世之道”，而是为了应付中举，一切以中举为学习的根本宗旨，以至于“师之所以教，弟子之所以学，则皆忘本逐末，怀利去义，而无复先王之意”（朱熹《静江府学记》）。他还提出了变革为学与考试的内容，改革科举考试规定的科目，调整其内容；提倡务实，反对空言；注重治世之道，轻视诗词律赋；主张以科举为手段，促进士子学人对经义的理解与掌握，注重国家治乱兴衰的研讨与实践，有利于社会稳定和进步，有利于文人自身人格道德的完善。

三、欧阳修借科举正文风

欧阳修（1007—1073），庐陵（今江西吉安）人，是宋代杰出的政治家、文坛宗师和旗手。他参与国家大政方针的制定和实施，因耿直刚正，在仕途上三起三落；因忠诚与才干，官至参知政事，进入朝廷决策中枢。他是宋学的开拓者，在史学、金石学、谱牒学等多个方面都有开创性的贡献，是我国文明发展史上屈指可数的文化巨匠，更是江西文化的丰碑。“功名事业三朝相，道德文章百世师”是宋神宗对他的评价。

欧阳修积极参加庆历新政改革，执笔写了科举改革的《详定贡举条状》，主持新政的范仲淹、富弼看了很合心意，便以朝廷的名义发布了《颁贡举条制敕》，颁行天下，揭开了“庆历新政”中科举改革的序幕。当时，文坛流行唐末五代延续的浮艳文风，称作“西昆体”。华词丽句，

永丰县欧阳修纪念馆雕像

夸夸其谈，不切实际的“时文”肆虐文坛，文士深受其苦，影响到科举的评卷和取士的标准。这引起了学者们的不满，要求学习、恢复唐代韩、柳所倡导的古文。《颁贡举条制敕》中提出明确要求，改变这种文风和取士标准，“西昆体”因此有所收敛。然而因守旧派的反对，庆历新政停止，科举改革也不了了之。

十几年后的嘉祐二年（1057），欧阳修出任礼部贡举的主考官，主持全国性的科举考试。各州府的举人齐聚京城，和国子监的生徒一起参加考试。端明殿学士韩绛、侍读学士范镇、龙图阁直学士梅挚等为同考官，著名诗人梅尧臣

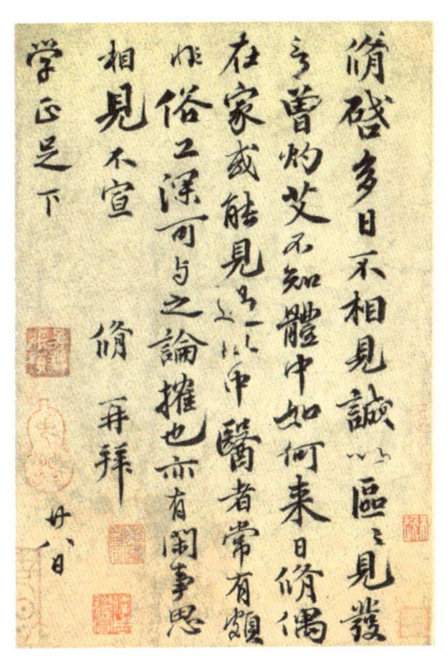
脩啓：多日不相見，誠以區區，見發言曾灼艾，不知體中如何？來日脩偶在家，或能見過。此中醫者常有，頗非俗工，深可與之論權也。亦有閑事，思相見。不宣。脩再拜。
學正足下
廿八日

欧阳修《灼艾帖》

为参详官。在讨论评卷标准时，大家都认为，曾经流行的“西昆体”没多少市场了，可矫枉过正，这一二十年来又兴起了一种内容迂阔、文辞怪僻的所谓“古文”，故作深沉，实际空洞无物。此文风源于国子监的太学，发端于太学的主讲石介、孙复等，称作“太学体”。他们提倡凡写文都要过唐跨汉，上追三代，歌尧舜之德。这本意是好的，意在弘扬先贤道德，但过于强调言必复古、句必险怪，因而没有现实价值。前几科的科举考试，被录取的大多是写这种文章的举子。欧阳修说，贡举是国家最高档次的考试，对文风和学风有引领和导向作用，而且关系到用人选士的大是大非问题。尊经明道，效古之优固然是需要的，可泥古不化，舍近取远，弃现实百事而不关心，这就背离了朝廷开科取士的初衷。他接着说，这十来年“太学体”很吃香，使得天下学子纷纷仿效。我担心这股文风蔓延下去，将会使文化走向脱离现实的死胡同。贡举是为国选才，如果选的是不关心现实，不忧国忧民之士，那贡举还有什么价值呢？他提议，这次考试凡以“太学体”作的文章，一律不取。考官们都表述赞同，也有考官提出，这次参加考试的有的是太学里较优秀的学员，他们大多有背景，罢黜他们，恐怕引起不良后果，要做好应对的准备。欧阳修说：“只要贡举评定是公平公正的，考官没有徇私，就不怕别人说什么，有什么责难我来承担。”

果不其然，贡举结束后的一天，欧阳修去上朝的路上，遭到一伙人的围攻，他们你一言我一语地责问。有人说：“我们都是太学的生员，没有被录取，难道还比不上州府从田野走出来的乡下人？”欧阳修说：“贡举是为朝廷选才，不管你从何处来。”众人起哄，指责评卷不公正。欧阳修说：“贡举是否合格，文章是唯一的根据。写的句子让人去猜，评卷官不明其意，怎么会是好文章？我记得考卷中有句‘狼子豹孙，林林逐逐’，谁说说是什么意思？”考生们你看看我，我看看你，都不作声了。欧阳修接着说：“一味求古，高言空论，不联系实际，这能算是好文章吗？”考生们自知理屈，只好散去。可他们又不甘心，有人写了篇《祭欧阳修文》丢进他住的院子，咒他早死。欧阳修对此下作行为嗤之以鼻，不为所动。

这科贡举，一批有才有识的年轻人脱颖而出。北宋文坛、政坛上不少著名人物，如苏轼、苏辙兄弟，曾巩、曾布兄弟，以及程颢、张载、吕惠卿、蒋之奇等，都是这一届考中进士的。

欧阳修后来还出任过贡举和殿试的考官，凭借科举的威力，扭转不良的文风，为他领导的北宋诗文革新运动助力。他坚持“文以明道”“蓄道德而能文章”等主张，力倡平易自然，求实、求真的文风，并身体力行创作优秀的诗文，树立了典范，其道德文章影响千年不衰。文学界最负盛名的唐宋散文“八大家”，其中“宋六家”中欧阳修是当之无愧的首领，“三苏”、王安石、曾巩都尊他为师，得到他的指导和奖掖。

四、王安石改革科举制度

王安石（1021—1086），宋代杰出的政治家、改革家、文学家。他主持的“熙宁变法”，涉及大量政治、经济等方面的改革措施，是北宋时期的一次重要变革。科举制度改革是其中的重要内容，对后世产生了深远的影响。

抚州市王安石纪念馆铜像

宋代的科举制度在很大程度上沿袭了唐代的制度，《宋史》中记载：“宋初承唐制，贡举虽广，而莫重于进士、制科，其次则三学选补。”对进士科格外重视，忽视明经科。进士科的考试内容是要作诗、赋、论各一首，策五道，帖《论语》十帖，对《春秋》或《礼记》墨义十条。这些考试内容的主要特点，是要对儒家经典倒背如流，考生记忆得越清楚，便越有可能考出好成绩；还有就是对诗赋的要求很高，好的文采是考生成绩高低的重要标准。而士子科举一旦中榜，便可以直接授官，不需要经过吏部等其他衙门的考核。因此，宋代科举选拔出来的官员大多很有文采，背诵功夫极佳，但行政能力则不强。为何如此？因为将重点放在背诵和诗赋上，而对士子的行政能力几乎没有进行考察。到了宋仁宗年间，已经有官员试图对这种科举制度进行改革。例如，仁宗天圣二年（1024）开以策论考核天下士人的先河，随后庆历年间范仲淹主持的“庆历新政”中也明确指出罢帖经、墨义，先试策论，后试诗赋。这里所考核的策论，也就是要求参加科举的士子，要针对时势或行政问题进行论述。虽然这次的科举改革随着范仲淹被排挤出朝廷而被迫停止，但为后续王安石的改革奠定了基础。

王安石察觉出宋代科举制度存在的严重问题，在庆历二年（1042）登进士第后进入仕途后更有体会，认为科举考试内容严重脱离实际，难以考察出士子的执政能力和道德品行，因此急需进行改革。他在嘉祐三年（1058）所上的《上仁宗皇帝言事书》中就已经提出：“方今取士，强记博诵而略通于文辞，谓之茂才异等、贤良方正。茂才异等、贤良方正者，公卿之选也。记不必强，诵不必博，略通于辞，

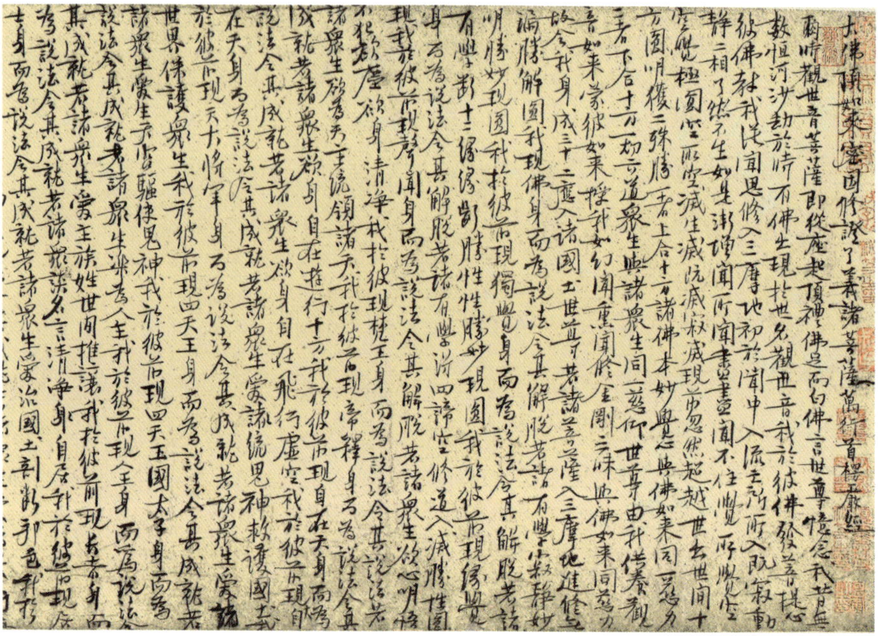

王安石《楞严经旨要卷》（局部）

而又尝学诗赋，则谓之进士；进士之高者，亦公卿之选也。夫此二科所得之技能，不足以为公卿，不待论而后可知。”但这建议在当时并未得到重视。直到熙宁二年（1069）王安石任参知政事并开始变法后，才有机会将其改革思想实施。在熙宁变法刚刚开始时，针对科举改革的问题还产生过激烈的争论，例如苏轼就对科举制度改革提出了激烈的反对意见。

神宗最终赞同了王安石的改革方案，第一步计划拔除考试声韵对偶之文，使学者得以专意经义；第二步则计划兴建学校，复求三代教育选举之法，施于天下。新科举制度主要的内容为：第一是废除旧明经诸科，原先有的进士科考试项目废止；第二，参加进士考试的，任选《诗》《书》《易》《周礼》《礼记》中的一种，谓之“本经”，并兼论《论语》《孟子》，谓之“兼经”；第三，设置四场考试，第一场试本经，第二场试兼经，第三场试论一首，第四场试时务策三道；第四，以前学习明经诸科的士子，都改考进士科。

王安石希望通过科举改革达到两个目的：选拔具有政治才能、具有实际行政能力的人才；统一全社会的思想，让天下士子改变此前重视背诵儒家经典与诗赋的思想，转而注重锻炼自己的实际政治才能。这些都切合现实需要并有远见，可见王安石的思想高度和敏锐的眼光。

王安石的科举改革方案实施后，遭到很多人的抵触和反对，没延续下去。除了保守势力的强大外，还有科举考试内容与实际脱节的问题，自古以来一直存在，即使改革也无法解决。因为考诗赋虽然跟实际脱离，也固然可能僵化程式，但由于诗赋的韵律和精练的语言可以展示心灵，表达丰富的感情，更具有人性化和美感。死啃经书，又有什么好处呢？有名儒提出，如以儒家经典取士，不容易定出一个明确的标准，士子难以精通，也不便于考官评判考卷的优劣。如以经义取士，那么弊病就比用诗赋大得多。王安石的看法恰恰相反，认为以诗赋取士的害处多。他说，一个人在少壮时，本应当多学对天下有用的事理，却闭门学诗赋，对国计民生而言有何实际价值呢？即使学好诗赋，通过科举考试，进入官场，却对世事一无所知，能办好国家政事吗？以诗赋取士还是以经义取士？孰是孰非，都有利弊，莫衷一是。

熙宁变法中的政治、经济等方面的改革基本失败了，科举改革施行一段时期后也没再进行下去，但改革的成果却基本被保留。之后，宋代一直兼用两种方法，既考诗赋，也考经义，并且经义的比例一直占较大比例。一直影响到了明清的科举考试制度和内容，清人顾炎武说过："今之经义，始于宋熙宁中王安石所立之法。"在王安石改革后，科举考试内容开始重视议论和道理的阐发，鼓励士子用儒家思想来解决现实问题，也促使宋朝的文学开始向着散文化、哲理化、明白晓畅的风格转变。

五、陆九渊痛斥科举弊端

陆九渊（1139—1193），抚州金溪人，著名思想家、教育家。他参加乡试10余年，连续落第，毫不气馁，直到34岁时的宋孝宗乾道八年（1172）才进士及第，任国子正等职。他有感于靖康之变，遍访勇士，商议恢复中原大略。淳熙十三年（1186），上奏孝宗治国策略，授将作监，遭给事中王信驳斥，提举台州崇道观，任个闲职。他返回故乡，居于象山书院讲学。绍熙二年（1191），升任荆门知军，时间短暂却甚有政绩。他中年以后主要是讲学传道和研究学问，主张“心即理”“发明本心”“尊德性”“践履工夫”等观点，提出“宇宙便是吾心”“吾心即是宇宙”“学苟知本，六经皆我注脚”等理论，上承孔孟，下启王阳明，是宋明两代“心学”的开山之祖，与朱熹齐名，为宋明理学中影响深远的思想家。

金溪县陆坊村“陆氏义里”

早在唐代，就有“重科举，轻学校”的苗头，到北宋成趋势，至南宋已经发展为只重科举取才而忽视学校育才的气候，导致一些士子专攻举业所必考的“课试之文章”，而不屑于学习系统知识和道德修养。偏重科举所带来的败坏学风的恶习，遭到明智之士的反对。陆九渊指出“学绝道丧，所从来久矣，放利而行者滔滔也”，“古人不求名声，不较胜负，不恃才智，不矜功能，故通体皆是道义。道义之在天下，在人心，岂能泯灭。第今人大头既没于利欲，不能大自奋拔，则自附托其间者，行或与古人同，情则与古人异，此不可不辩也”。（《陆九渊集》卷 7）他认为，士人求科举皆为利往，而丧失了古人求学的那份不求名声、不恃才傲物的平淡和涵养。学校本以普及文化，培养人才为目的。但实际上自始至终都免不了与科举考试联姻，成为科举考试的预备场所，陆九渊对博求功名而学风败坏的现象予以严厉批评。

陆九渊认为，士子不应沉溺科举，应该求义而不弃利。宋代科举考试的录用范围进一步拓宽，录用的人数比唐代大大增加；南宋更多，有的科届是唐代一科的数倍乃至数十倍，士子入学的门槛也不再是高不可攀，及第的机会增多，许多草根阶层有可能金榜题名。这本是一种好的现象，有助于更多学子实现人生的梦想，改变身份，提高地位。可是，也无形中助长了士子急功近利，只追求科举功名的不良学习风气。陆九渊视“义”为君子立身之本，他当然不能坐视不理，直截了当地批评道：“古之时，士无科举之累，朝夕所讲皆吾身吾心之事而达之天下者也，夫是以不丧其常心”，如今只为了科举而学习，“斯可哀也”（《陆九渊集》卷20）！他主张读书应该不为名利，不为应试入仕，而是达到虚静空明之境，涵养本心。

应试的士子层出不穷，一批接一批。可是长期以来，走上仕途的人已经抛弃了儒家读书做学问的终极目标，以及“修身、齐家、治国、平天下”的优良传统，取而代之的是“利欲”熏心。陆九渊对此现象很不齿，因为他们读的虽是圣贤书，志向却与圣贤背道而驰。他强调：“而今世以此相尚，使汨没于此而不能自拔，则终日从事者，虽曰圣贤之书，而要其志之所乡，则有与圣贤背而驰者矣。”（《陆九渊集》卷23）陆九渊对“今人只读书便是利，如取解后，又要得官，得官后，又要改官”（《陆九渊集》卷36）的风气，毫不留情地痛陈，明确地提出士子应以求义为重。陆九渊应朱熹邀请在庐山白鹿洞书院做演讲中谈到“义”“利”之辨。他认为，一个人的思想会影响他的日常所习，人的所习又决定于他的志趣和动机。如果他的志向和动机在于义，他的所作所为就不在乎利。因而要做君子，不做小人，首先必须检查自己的“志”，看自己追求的是“义”还是“利”。陆九渊的讲演切中时弊，犹如一阵清新的风，令听众怦然心动，有的深受感动而流泪。

陆九渊评价一个人是君子还是小人的标准，是考察这人内心的动机，而非外在的行为。他举例说，一个人终日埋头苦读圣贤之书，这个行为看似很好。可是如果他读书的动机只是为了博取科举功名，那么他就不能称为一个真正意义上的君子。从表面来看，义利似乎是两相分离完全对立的，但是义利之辨是要解决道德评价和道德人格的问题，并不是要排斥任何建功立业的行为和个人的利益。陆九渊所讲的义利，常常是以利国、利民、利天下为立足点而言，要排斥的只是利己主义的动机。因此他认为，只要参加科举的道德动机是好的，那么即使因“义”而获“利”，也是“君子”的行为。从根本上说，尽管义利常常是对立的，但是他认为有时义利是可以统一的，而并不是水火不容、截然分离的，前提就是看道德动机是于公还是于私。

陆九渊认为科举制度的弊端已经到了非改不可的严峻

程度，尤其是考试内容限于儒家经典，内容及方式刻板僵化，早就为人所诟病。在“一切以程文为去留”的考试评判标准下，学子们便不可避免地只关注课堂教学知识、如何对付考试，忽视系统知识的学习及道德的完善。于是，导致学子们目光短浅，智慧被禁锢，扼杀人才，培养了一些不关心国家安危，只会空谈理性的腐儒。这是陆九渊所痛恨的。他认为，作为一个君子必须懂得“居天下之广居，立天下之正位，行天下之大道，乃吾分内事”（《陆九渊集》卷7），而不是“今人只读书便是利”（《陆九渊集》卷36）。

六、著名先贤的文化接力

在宋代科举史中，有一段从晏殊开始的江西籍著名先贤提携后辈、文化接力的往事，被传为佳话。天圣八年（1030），礼部贡举的主考是时任御史中丞的晏殊。欧阳修曾两次参加礼部贡举，都落榜了。这次贡举评卷时，晏殊读了欧阳修的锦绣文章，与读卷官商定取为第一名，称之为“省元”。参加殿试，录取为甲科第十四名进士。欧阳修一直尊晏殊为师，从政作词，都以他为楷模。

南丰人曾巩少有才名，可是参加贡举考试落第。他带着几篇得意之作献给时任翰林学士的欧阳修。欧阳修读后赞赏其才华，说：“过吾门者百千人，独于得生为喜。”曾巩对恩师的期望和指点感到欣喜和激动，可再次参加贡举考试，又落选了。欧阳修对科举中流行的“太学体”不满，鼓励曾巩不要随波逐流，坚持“文以明道”，不作空阔虚

欧阳修、王安石、曾巩画像

浮之文。曾巩边教书边习文，常向欧阳修请教。嘉祐二年（1057），欧阳修主持礼部贡举，凡属泥古险怪的“太学体”一律不取，38 岁的曾巩考取进士。在政坛和文坛，曾巩都得到欧阳修的推荐和提携。他不负厚望，颇有政绩，并竭力实践和光大恩师的文学主张，成为诗文革新运动的闯将。

临川人王安石与欧阳修相识相知，是曾巩介绍的。王安石参加贡举这一科叫“别头试”，就是为避嫌，官宦弟子单设考场。欧阳修主持同科贡举，也算得上老师，可没见过面。曾巩把王安石的诗文送给欧阳修看，他读了连连叫好。曾巩告诉王安石：“欧公悉见足下之文，爱叹诵写，不胜其勤。”王安石受宠若惊，兴奋不已。曾巩带来京办事的王安石去拜见欧阳修，两人相见恨晚。王安石任舒州通判时，欧阳修掌管地方官员的选拔，便向仁宗举荐王安石入朝任馆阁之职。王安石在京城时，常在欧阳修府中与文坛名流接触，增长了见识。嘉祐元年（1056）灾害屡现，仁宗诏令大臣献言救灾，欧阳修认为应荐贤任能，便推荐了包拯、王安石等4位能臣，说王安石“学问文章，知名当世，守道不苟，自重其身，论议通明，兼有时才之用”。王安石被委任知重镇常州。欧阳修的奖掖，使王安石名气大增，两人书信来往频繁，他多次感谢恩师知遇和提携之恩。尽管两人在变法中的政见不同，但一直保持良好的师生情谊。欧阳修去世后，众多的门生故友写了祭文，据专家评析，王安石的《祭欧阳文忠公》写得最好，感情最真挚，评价最恰当。

第五章　土沃根深

TU WO
GENSHEN

“问渠那得清如许，为有源头活水来。”这是朱熹《观书有感》一诗中的名句。一方水土养一方人，江西科举兴盛的主要原因，是拥有得天独厚的自然山水和适应人居的生态环境，是享有富饶的物产和丰收的果实，是随着人口迁移带来的文化输入和交融，是重教兴学传统的代代传承，是大儒名贤的传播和教化。繁茂的江西科举之树深深扎根于这块沃土中，奔流不息的“源头活水”，浇灌出科举的硕果。

一、名山胜水，物华天宝

“物华天宝”是王勃在《滕王阁序》中对江西的赞美。万物的精华，天然的宝物，是上苍赐给赣鄱大地的厚礼。钟灵毓秀，江西一代代学子，在优美而富饶的环境中成长，生活基本有保障，才能在科举的征途中奋进，金榜题名，实现理想。

泰和县的古代大型水利工程槎滩陂，是南唐周矩（895—976）所建，已运行千年，至今造福吉泰两县数万百姓。周矩原籍金陵，天成二年（927）科举进士，任监察御史。为避战乱，他于天成五年（930）来到吉州，投靠在吉州为官的女婿杨竦，徙居于泰和螺溪镇。周矩在农村时体察民情，见到大片农田常受旱歉收，群众生活窘迫，就决心兴修水利。周矩用自己的俸禄余资，组织劳力，在赣江水系禾水支流的牛吼江上游山沟中，以木桩竹篓压石筑为大陂，横遏江水，

泰和县桥丰村槎滩陂

长100余丈，旁开泄洪水道，名槎滩陂。又于滩下7里许，伐石筑减水小陂，积蓄水流。开挖渠道36条，灌溉近万亩田地，使歉收的薄田变成旱涝保收的良田。槎滩陂是江西保存较好的古代重大水利工程，被誉为“江南都江堰”。中华人民共和国成立后多次改建、扩建，灌溉面积达6万余亩。2013年5月被列为全国重点文物保护单位，2016年11月入选《世界灌溉工程遗产》。

周矩曾为大臣，知道读书的重要性，更多的精力不是用在农耕上，而是用于子孙的教育。于是他倾其毕生积蓄办学，文风相传，结出硕果，后代考中进士42名，举人、业儒不计其数。因封官受爵的人多，获得的荣誉也多。宋淳化天圣年间，周矩五世孙中和、昆季叔侄联翩登第，策勋仕籍，誉望著闻，仁宗皇帝特赐“爵誉里”，族人便以“爵誉”为村名。

泰和县爵誉村相国坊

槎滩陂是利用自然山水改善生产生活条件的典型，使荒野变成沃土良田，浇灌出黄灿灿的稻谷和其他农作物，滋养着百姓富足的生活，也孕育了爵誉村耕读传家、屡获科举功名的辉煌。江西广袤的大地上，有不少像爵誉这样的村庄，以优美的自然环境，富饶的物产，造就文化教育和科举的兴盛。

三面环山的江西，山水相依，东、南、西部崇山峻岭，层峦叠嶂，中间丘陵起伏，北部为鄱阳湖及滨湖平原，地势南高北低，由四周渐次向鄱阳湖倾斜，依次为丘陵、岗地、河谷平野，全境形成一个北面开口的巨大盆地。丘陵之间错落着大小不同的盆地，大都沿河分布，或断或续。由以赣江为主脉的鄱阳湖水系，串联 2400 多条大小河流，穿流于丘陵岗地之间。山地林海竹涛，溪流潺潺，鸟栖兽藏，蕴藏着丰富的矿产、林业、水力、动物资源。河谷平原，阡陌纵横，沃野千里；滨湖地带，港汊网布，适宜农耕、放牧和水产养殖。南钨、北铜、东磷、西煤、中铁，地下遍布宝藏。

地处中亚热带东段湿润地区的江西，四季分明，气候温和，雨水充沛。海洋狂风、朔漠寒潮到这里常常化作了和风细雨。相比于西北大漠和临海地带，毁灭性的大风灾、水灾、旱灾不多。在漫长封建社会的自然经济时期，生产力水平普遍不高，得天独厚的自然环境，是适应农耕生产和人类生存的风水宝地，使学子们能在良好的自然生态环境中求学、赴考、仕进。

泰和县爵誉村村祠

庐山五老峰

吉安县田岸上村

江西有“银鄱阳，金庐陵”之说，“银”指的是棉花，“金”就是稻谷，还有金灿灿的油菜花。棉花粮油都盛产，生活就富足了。江西自古以来是全国重要的稻谷产区，仍存遗址实物的新干战国特大型粮仓，便是明证。到东汉时，江西是江南的主要产粮地区之一，六朝各代京城以外的大粮仓，三分之二在鄱阳湖地区。宋代，江西输送的漕粮更是“为天下最”。北宋每年漕粮在 600 万石左右，江南西路 120 万石，占五分之一；南宋江南的赋税任务更重，江西提供粮食 200 万石左右，占总数的三分之一；明代时向朝廷贡米 250 万石，居全国第二。宋代在泰和做知县的黄庭坚描述道：“清风源里有人家，牛羊在山亦桑麻。”在外地做官的欧阳修称赞家乡庐陵“青林霜日换枫叶，白水秋风吹稻花”。“仓廪实则知礼节，衣食足则知荣辱”，俗话说“仓中有粮，心中不慌”，只有衣食无忧才会去践行礼义廉耻，才有条件攻读诗书，走上科举之路。

以瓷都景德镇为代表的陶瓷业，以万载夏布为代表的纺织业，以药都樟树为代表的药材业等手工业，其产品都有悠久而广阔的市场。尤其是纸张制造，纸品以竹子和优质草为原料，产量多，品质好。竹纸、绵纸盛产于赣中南山区，永丰县的玉扣纸，宋代列为贡品。明朝在江西设造纸局，上自皇帝诏命，下至学宫用品，都使用江西纸张，书商与文士慕名定购。明万历年间，著名藏书家、常熟毛晋汲古阁刻印《十三经》《十七史》等典籍，需大量优质纸，特派人从江苏到江西选纸，俗称“毛边纸”，沿用数百年，远销大江南北。

两宋是雕版印刷的黄金时代。江西教育兴盛，书院、书馆遍布，读书人多，文人交往频繁，刺激了刻书业的发展，

宜春市博物馆中的造纸作坊场景

为全国刻书的重要基地。江西设有官府刻书机构，所刻有计台本、漕台本、提刑本、吉州本之分，其中吉州庐陵刻本以精致品高著称于世。抚州金溪浒湾镇以雕版印刷业闻名，盛于明清，书铺街上印书堂号云集，有旧学山房、漱石山房、忠信堂、刻印书作坊、两仪堂、协盛广、余大文堂等刻印书作坊，经史子集、戏曲话本、书法碑帖、诗词文集等均有刻板刊发，行销全国，是清代全国四大刻书中心之一。

金溪县浒湾镇旧学山房

进贤文港制笔历史悠久，制作精湛，“尖、齐、圆、健”兼备；还在全国开设笔庄，清代“中国四支笔”中就有武汉“邹紫光阁”、上海“周虎臣”两支属于文港，形成特色品牌。物美价廉的纸张，兴盛的刻书业，优良的毛笔，为学子读书和练习提供了良好的条件；教育和科举的兴旺，又刺激和推动了这些产业的发展，相得益彰。

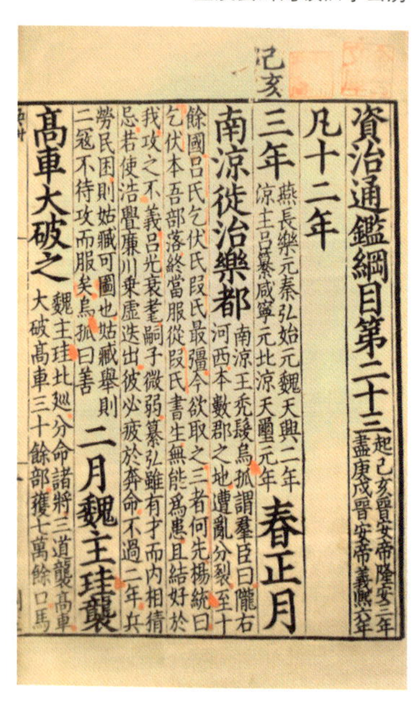
己亥
資治通鑑綱目第二十三 起己亥晉安帝隆安三年盡庚戌晉安帝義熙六年
凡十二年
三年 燕長樂元秦弘始元魏天興二年涼主呂纂咸寧元北涼天璽元年 春正月
南涼徙治樂都 南涼王禿髮烏孤謂羣臣曰隴右河西本數郡之地遭亂分裂至十
餘國呂氏乞伏氏段氏最彊今欲取之三者何先楊統曰
乞伏本吾部落終當服從段氏書生無能爲患且結好於
我攻之不義呂光衰耄嗣子微弱纂弘雖有才而內相猜
忌若使浩亹廉川乘虛迭出彼必疲於奔命不過二年兵
勞民困則姑臧可圖也姑臧舉則
二寇不待攻而服矣烏孤曰善 二月魏主珪襲
高車大破之 魏主珪北廵分命諸將三道襲高車大破高車三十餘部獲七萬餘口馬

司马光《资治通鉴》（南宋庐陵官刻）

一座座青山哺育一条条江河，浇灌肥沃的土地，孕育富庶的物产，也滋养着文明的花朵和科举的硕果。赣江、抚

赣江碧波

河、信江、饶河、修水及其支流组成鄱阳湖水系，连接城镇乡村，不仅供给不竭的水源和水产品，还构建便捷的交通网络，与流经江西 133 公里的长江，构成一个完整的航运系统。母亲河赣江贯穿全省，自秦汉以来就是中原与岭南之间的交通干线。在以水路为主要交通的年代，江西北可直达全国政治、文化的皇权中心，东可出海，南抵广州。尤其是明朝执行海禁政策，全国实际上只有广州通商，使得赣江成为南北交通大动脉的黄金水道，辐射抚、信、饶、修四大水系及其支流，水陆码头星罗棋布，历经千年不衰，带来了经济文化的繁荣。一代代江西学子，就读于江畔，赴考行于航船，衣锦荣归于江上，家乡的水滋养着他们的聪明才智。

江西科举的发展，与自然环境和经济文化的水平密切相关。从历代进士的地理分布来看，从唐代开始，大致是从北向南推进，从赣北鄱阳湖平原地域向赣中盆地，再向

鄱湖秋水

赣南赣西发展，与经济文化的发展基本同步。郑建明先生在《试论江西进士的地理分布》一文中考证，唐代 65 名进士，以洪州、饶州为主，共有 32 名，而吉州、抚州、江州没有一名。再以两宋为例，300 多年间，江西 13 个（某个阶段 14 个）军、州进士 5423 名（另有 5238 名之说），其中吉州 959 名，饶州 949 名，建昌军 658 名，抚州 595 名，隆兴府洪州 554 名，临江军 383 名，信州 336 名，南康军 299 名，赣州 157 名，瑞州 143 名，袁州 125 名，江州 88 名，南安军 66 名，兴国军 16 名，还有宗室 93 名。经济繁荣的赣抚平原和赣中地区占了一半以上。总体而言，这与当时各州、军所占的人口和经济教育状况大致匹配，可见两宋时期江西的经济和教育得到了较全面的发展，呈现出户口繁庶、书院众多、进士分布面广的特点。江西科举在明代迈入鼎盛阶段，也是经济和社会发展的黄金时代。各州府的进士数量前 6 名，依次是吉安府、南昌府、抚州府，饶州府、临江府。明代行政区划跟宋代不同，但以区域而言，两个朝代前 6 名基本相当，但从全局来看，赣南赣西北偏远山区的进士明显增多。

二、北人南迁，人文蔚起

江西科举的兴盛，与人口的迁入密不可分。西汉和东汉末年，以及两晋和唐末、北宋末，北方群雄争霸，逐鹿中原，战火四起，动荡不安；北方和西北的游牧民族又多次南侵，造成政治震荡，社会混乱，中原的经济生产和文化发展遭到一次又一次的巨大冲击，一批批士族百姓被迫南迁，也使经济重心和文化重心向南转移。一部分北民过长江后沿赣江及其支流溯流而上，在宜居的地方落脚定居，成为当地居民。从现存人口较多的姓氏宗族沿革可知，今江西人的先祖，至少六成以上是北方人。这里所说的北方，泛指长江以北区域。

早在西汉末年，就有曾氏南迁。孔子门生曾参被尊为始祖，声名显赫，家族昌盛。到第十五世孙曾据，曾氏一直以山东武城为中心，繁衍生息。曾据有功于西汉，加封关内侯。元始五年（5），王莽篡夺皇权，两年后改国号为“新”。曾据因“耻事新莽”，率族200余人，由山东武城渡江南下，迁居江西庐陵县吉阳，称为吉阳房，衍发很快。原籍武城已无曾氏，还从庐陵分支返迁祖居地繁衍，庐陵从此成为曾氏第二发祥地。庐陵吉阳房分为四大房：曾据房、曾德房、曾端房、曾隆房。曾隆的曾孙曾丞生了3个儿子，又衍出三房：长房曾珪为庐陵吉阳房祖；二房曾旧为乐安、临江、新干房祖；三房曾略为抚州、南丰、临川房祖。科举及第有名的曾氏后裔，有宋代农学家曾安止，明代状元的曾棨、曾鹤龄、曾彦，明代吉水的“一门三进士”曾存仁、曾同亨、曾乾亨，最著名的是以宋代政治家、唐宋八大家之一曾巩为代表的“南丰七曾”等俊杰。

都昌县苏山乡鹤舍村，又名学舍里，东汉末年袁氏始迁于此，成村于明代中叶，发展于清朝初期，有1800多年的历史。袁氏先祖凭勤俭起家，赚了一些钱，就做景德镇瓷器生意，兴盛一时。一代代族人艰辛创业，耕读传家，商儒并重，致富后始大兴土木，投资盖了一栋四合院式的学舍“浣香斋”，培育后人。如今保存完好的古建筑群，由18栋大屋联合组成，以祖厅为中心，栋栋连通，整齐划一，错落有致，是鄱阳湖畔保存完好的古村落。

汉代以后，第一次大规模北民南迁的浪潮，是在西晋“永嘉之乱”之时。晋怀帝被胡人所掳，数支胡人侵犯中原，大肆屠杀汉人，晋室南迁，史称“五胡乱华”。中原人士

都昌县鹤舍村古建筑群

为了避乱，进行了大规模、长距离的迁移，许多人涌向江南。进入江西境内的主要在赣北一带落脚，一部分人顺赣江及其支流而上，在赣中南和赣西安家落户。如华林胡氏宗族，先祖一直居住在北方。西晋末年战乱，胡奋南迁建康，第四世胡履，任江州刺史，把家迁到了江西。胡履的孙了胡潘迁居奉新县华林山，繁衍的后代称为华林世系，分迁江西各地。华林胡氏的盛举之一，是宋初胡仲尧将家族私塾扩建为华林书院，培养出大批人才。书院开办 200 余年，鼎盛时期文人学者四方云集，入院求学者常达千人，仅胡氏一门就走出进士 55 名。宋真宗赞胡仲尧的诗云："一门三刺史，四代五尚书。他族未闻有，朕今止见胡。"明万

奉新县西庄村济美石坊

历年间，因华林胡氏后裔胡士琇及先祖胡仲尧、胡仲荣兄弟建书院、修孔庙、架桥修路、赈济灾民等善行，朝廷建造济美石坊以作表彰。

第二次北民南迁的大潮是在唐代“安史之乱”和唐末动乱时期。“安史之乱”的战祸几乎遍及黄河中下游地区，历时 8 年之久，对北方造成了极大危害，各界人士纷纷逃

吉水县湴塘村先贤祠

往江南避乱，处于长江中下游交界处的江西是北民们的主要迁移地之一。唐末藩镇割据，又爆发农民起义，许多北方士族大批南逃。在北方近百年的战乱期间，相对平安和比较富庶的江西，成了南下人士比较理想的避难“胜地”。当唐末战乱之季，“四方大姓避地者辐辏而至，曾自长沙，张自洛阳，陈、严、王、肖、刘、倪等族，皆自金陵而占籍焉，而生齿之繁，遂倍蓰于旧”（光绪《泰和县志》）。如弘农杨氏，唐代末年，中原战乱，东汉太尉杨震的后代杨辂，由陕西华阴县（今陕西华阴市）来江西吉州任刺史。为避战火，杨辂率家人沿赣江辗转来到杨家庄（今吉水县黄桥镇）开基立业。杨辂有9个儿子，除大儿子杨锐和二儿子杨铤定居吉水外，其余7个儿子均徙居外地，亦发展成为名门望族。杨铤在湴塘开基，成了杨氏子孙较集中的聚居地。宋末元初，各地杨氏捐款在湴塘村兴建了庐陵忠节杨氏总祠，成了弘农杨氏迁徙的中转站。仅吉水县、吉安县、吉州区三地，由湴塘迁出的杨氏村落就有 50 多个。吉水杨氏代出英贤，宋代进士 24 人，明代进士 20 多人。其中杰出人物有“庐陵四忠”之一杨邦乂、著名诗人杨万里等。

第三次人口南移之潮爆发于北宋末的靖康之难。金兵掳走了宋朝皇帝，康王赵构偏安临安，史称南宋，开始了 100 多年的南北对峙。双方时战时和，不堪忍受战乱和压迫的北民陆续离开家园，源源不断追随南边的“宋皇”，或者渡江自谋生路。“中原士民，扶携南渡，不知其几千万人”（《建炎以来系年要录》卷 86），“民皆渡河南奔，州县皆空”（《宋史》卷 23）。这番北人南渡至江西定居的人口数量超过以往任何一次南迁，江西的人口达到新的高峰。如豫章罗氏，始祖是汉代相国、大司农罗珠，于汉惠帝三年（前 192），出守江西九江，在豫章（今江西南昌）东南修城定居。罗珠第二十八世孙罗淼，原居西山，后裔称豫章西山派，繁衍的后代遍布江西。历代名人辈出，有明代吉水状元罗洪先，创作著名笔记小品《鹤林玉露》的罗大经，永丰人罗伦，著名唯物主义思想家、泰和罗钦顺等。南宋末年仍然有新建的村庄，铜鼓县大塅镇浒村时氏宗族先祖从北方迁到江南，辗转定居在定江河边。元代晚期始建宗祠，经历代扩建为占地面积 2220 平方米的大型宫殿式祠堂，三进四井十四开间，左设“礼门”、右设“义路”，抬头就见礼义，警示族人牢记以“忠孝礼义为本、诗书耕

铜鼓县浒村时氏宗祠

读为家”的时氏家风，科第连绵，代出名士。

秦汉时从北方南迁的移民，有的定居赣南，有的翻越大山在闽、粤落户，称作“客家”。明代中叶之后，赋役繁重，官绅兼并土地，农民大量破产逃亡。明末清初频繁的战事，导致田园荒芜，赣中南地区的生产力遭到严重破坏。“三藩之乱”平息后，清政府不得不招抚流民垦荒。一些客家人沿先祖南下的途径，从闽粤山区逆向返赣，倒迁在未开垦的山区立足繁衍，据乾隆《龙泉县志》记载，遂川“丁口半出流寓”。客家人数百年间发展为庞大的族群，人口

龙南县关西村客家围屋

不计其数，如今仅吉安就不下百万之众，其中不乏科举及第的英杰。

北人南迁，使江西人口不断增长，西汉初年只有三四十万人，到元代至元二十七年（1290），江西人口达1425万，占当时全国人口的近四分之一。后因元明两代的战乱，人口大量死亡流散，至明万历六年（1578），全省只有580万人。清初，康熙制定“滋生人丁，永不加赋”的政策，使得人口有了迅速增加，到清道光二十三年（1843），江西人口达2650万。

人口的移迁流入，有力地促进了文化的交流与发展。从不同地方而来的人，把原籍的思想观念、风俗习惯、生产技艺带入新的居住地。他们为了生存，为了后代的兴旺，必须探寻适应时代需要的生存方式，这就从客观上为科举的繁荣注入了生机：首先是推动了教育的发展。为避战乱而入庐陵的人口中，有不少是北方的世家大族和书香门第。到了江西，他们仍千方百计要保持昔日的繁荣；但因政局动荡流寓他乡，自己无望恢复，就把希望寄托在后一代身上。于是格外重视对儿孙的教育，盼望后代科举入仕，光宗耀祖。唐宋时江西创办的一些书院，多与流寓之士有关。其次是继承良好的传统。从外地迁入的居民，不会忘记祖辈艰苦奋斗、勤俭持家、崇尚礼义的传统，以此激励自己和教育后代，使一些传统美德代代延续，不断强化，在江西大地生根开花。再次是引入了先进的生产技术，以有效的劳动获得所需的生活品，不断地加以改进提高以适应新的环境。江西一带的豆、麻、蔗、棉等农作物的栽培技术和陶器烧造、纺织等工艺，大多是随着外来人口的迁入而传播的，这些都为江西科举的蓬勃发展奠定了良好的经济和文化基础。

三、重教兴学，培养人才

教育是文化之源，不仅对文化起着积累、传递、净化、提升的作用，也是人才培养最重要的基础。江西科举在宋、明两代奇峰突起，这也正是教育发达的时期。在以科举取士的官员选拔制度中，江西人才辈出，显名于官场文坛，影响和带动了乡梓重教良俗的形成。在地方史志中，常见“家有诗书”“人多儒雅”“序塾相望”“五尺童子稍知书”等描述，可见江西先人对文化教育的重视，从官方到民间蔚然成风，成为一种良好的传统代代传承。

自唐以来，州（府）县官府都办有学校，称州（府）学和县学，到了元代有社学。同时，州县都建孔庙，祭祀“文圣”孔子及儒家先贤，元明以后又称文庙。文庙既是朝廷和百姓奉祀孔子及儒家学派贤哲的祠庙，也是大多数地方官学和儒学教官办公衙署所在地，是城市文脉渊源的代表和象征。宋时遍及各州县，明清按朝廷统一的样式修建，规模宏大，往往成为当地标志性的建筑。明朝明文规定科举必由学校，只有接受学校教育取得出身的学子，才有资格参加科举考试。文庙因此同科举制度紧密结合在一起，承担起为科举取士、培养人才的任务。江西的文庙和官学，其质量和规模在全国名列前茅。

历经百年的自然灾害和风波，大多数文庙和县学被摧毁或改建，全国所剩无几。而江西还幸存了几处，有的残存建筑，经修缮后部分恢复，有的保存较好。

丰城孔庙，曾经是江西省最大的文庙建筑之一，坐落在现丰城第一中学旁，宋绍兴十三年（1143）由县治东南迁建于此，为丰城县学和祭祀孔子之所。历代均有修复或扩建，清代乾隆间的盛逢澜在《重修儒学记》中描述："文庙规模壮丽，金碧辉煌，为千古之所未有。凡直、省、州、县，无不仰体。"1945 年改设丰城中学后失修，建筑群逐渐拆毁，现仅存大成殿。

萍乡孔庙，是全国已知的孔庙中兴建较早、也是江西保存较好的孔庙之一。始建于唐武德年间，北宋时兵毁，后经 8 次迁建，现存建筑旧迹为清雍正十二年（1734）所建。1981 年被辟为萍乡市博物馆，2010 年博物馆迁出，对孔庙进行了修葺，部分建筑重建。

赣州文庙，即清代的赣县县学，位于厚德路东段的北侧，是江西现存规模最大而且保存较完整的县学校址。原占地

萍乡市孔庙

赣州市文庙

上万平方米，建筑群分三组，采用平行轴线方式布局。绝大部分建筑为清乾隆年间建造，均保存完好，主要有大成门、大成殿、崇圣祠、魁星阁、节孝祠等。建筑群由围墙形成院落，名宦祠、乡贤祠屋面连成一片，形成具有南方建筑特色的天井式院落。其中大成殿是文庙的主体建筑，气势宏伟，带有明显的赣南特色。

保存得最好的文庙是安福县文庙，同样是县学驻所，以恢宏的气势和珍贵的文物遗存享誉遐迩。北宋元丰四年（1081）始建，数次迁址，经多次修复，最近一次是 1990 年。总面积 3000 多平方米，主体建筑为清代中期所建，由泮池、乡贤祠、名宦、庑廊、大成门、大成殿组成庞大的宫廷式建筑群。进院门，左右有两面大石鼓，树立“文武官员于此住轿下马”的禁碑，显示着至高无上的尊严。石道经圆桥，两边是泮池。前面是高大的大成门，两边是对称的庑廊，阁楼楼檐雕刻双凤和花草精美的图案，由昂龙鱼尾雕成的檐角凌空高翘。殿檐横梁中间悬挂雍正皇帝御笔“生民未有”的大匾。大成殿里主祭孔子，左右是孟子、荀子，上方是康熙皇帝御笔“万世师表”匾。殿堂两旁，为本县 20 位古代名人塑像。这座宫殿式的大殿，红墙碧瓦，雕梁画栋，回廊斗拱，九脊重檐，富丽而庄重，大气而精致，是不可多得的建筑精品。月台下阶处双龙戏珠的石雕，梁坊间隐喻着诸如马到成功、师传万世、万象更新、禄位高升的瑞兽造型木雕，精美绝伦。门廊中间两根巨大石柱，四周镂空雕琢飞凤盘龙，似驾云涛腾空飞跃，栩栩如生，形态飘逸柔韧，龙鳞凤羽片片光滑而灵动，图形浑然一体，深浅相宜，被称为“镇庙之宝”。引人注目的是大成门旁边的廊墙上，书写该县明代状元彭时、探花邹守益等 460 名进士的名单和中榜时间，彰显科举文化的辉煌，以激励后人见贤思齐。

唐代以后科举迅猛发展，宋明尤甚。官府县学招收生员名额有限，大县也只三四十名，于是私学应运而生。私学由民间所办，有义塾、私塾；书院有官府办的，也有民间办的，与官学并存，其中有些比较规范，有一定规模。据史载，唐朝真正具有学校性质的书院共 57 所，其中 48 所可确定地址，江西可考者就有 9 所，数量位列全国前列。如九江的景星书院、德安的少室书院、南昌的虎溪书院、庐陵的登东书院、宜春的仰山书堂、永丰的皇寮书院等。虽是萌芽阶段，但带动了当地文风的兴起。李材栋先生在《江西古代书院研究》中载，自唐末至清，江西有书院 940 所。书院建成数量自唐末至明代一直居全国领先地位，清代新建 147 所，居全国第四。（因统计标准不同，书院性质认定不一，各种史料中所载江西书院数量有较大差异。如光绪《江西通志》载江西共建书院 529 所；

安福县文庙大成殿

20 世纪 80 年代，季啸风先生率领全国百余学者普查古代书院，发现全国有书院 7300 余所，其中江西 990 所，居全国各省之首。）一大批质量高、声誉好的著名书院，如号称“天下四大书院”之首的白鹿洞书院，还有铅山鹅湖书院、吉安白鹭洲书院、南昌东湖书院、丰城龙光书院、抚州临汝书院、金溪槐堂书院、玉山怀玉书院、贵溪象山书院、德化濂溪书院等，享誉四方，素负盛名。清代学者李绂曾在《兴鲁书院记》中说：“江西名书院之多，甲于天下。”书院的大兴，为学子在科举中夺取功名创造了条件。

安义县雷塘书院，由洪文抚创办，在培养家族子弟成才以及地方教化方面有着重要贡献。书院先是本族子弟就读，后扩展接纳邻近学子。通过在书院读经学史，不少子弟走上仕途。咸平三年（1000），洪文举的儿子洪待用登进士第，官至都官员外郎。洪文举的儿子洪民师，接着考中进士，为石州司户参军。民师四个儿子：洪朋、洪刍、洪炎、洪羽，从小受到祖母李夫人的教育，年长以后，又得到舅父黄庭坚的精心指导，皆有出息。洪朋，字龟父，两贡礼部不中，荐举知临川；洪刍，字驹父，绍圣元年（1094）进士，谏议大夫；洪炎，字玉父，元祐三年（1088）进士，累官秘书少监、中书舍人；洪羽，字鸿父，绍圣四年（1097）进士，任台州知州。洪朋、洪刍、洪炎三人，都是江西诗派的主要成员。洪氏“义门”六世共居，多行善举，宋太宗赐御书“义居人”。雷塘书院亦成为与东佳学堂、华林书院齐名的北宋江西三大义门家族书院之一。江西历代都有众多的义学，有的是具有一定规模的书院，有的是小型书舍学堂，都由有经济实力的宗族或富户所办，大多为免费教育，是学子日后走上科举之路的第一个台阶。

吉安白鹭洲书院，宋淳祐元年（1241）由吉州知州江万里创办，770多年来书香不绝，是宋代江西三大书院之一，以培育状元文天祥、著名词家刘辰翁而名耀古今。书院因位于赣江之中的洲上，岸上就是府衙城堡，数百年间遭受特大水灾6次，3次毁于战乱。屡建毁屡，屡毁屡建，吉安人锲而不舍地修复、改建、重建书院20多次，这在古代名书院中少见。直到光绪二十一年（1895），兴建云章阁、风月楼、道心堂、六君子祠、斋舍等百余间，是院史上最大规模的一次修复，之后再未迁移，主要建筑至今幸存。白鹭洲书院屡经劫难而存，得益于官府和民间的共同扶持。吉安的地方志和书院志里，记载了府县官员、乡绅名士、市民百姓捐献财物修建书院和资助办学的大量事例，乐输乐捐的善行不胜枚举。如清道光八年（1828），知府刘体重捐资修建云章阁，庐陵县钓源村欧阳慎捐献2万余金重建被洪水冲毁的书院；近70年后的

吉安市白鹭洲书院

1895 年，庐陵县曲濑胡家村富商胡日升，捐献 3 万金独资重建书院，吉安府赠送“饰馆储英”鎏金匾予以褒奖。

江西各地都是这样，府、县学及书院，都经屡次毁建，地方史志和族谱中，记载了大量从显官名宦儒士到平民百姓，自告奋勇捐献财物建设学校的义行善举，共同谱了写重教兴文的佳话，为科举的兴盛增添了动力。

四、名贤传道，光耀后世

隋唐以前，江西的文化和教育与中原地带相比还显得比较落后。隋朝开始科举考试后的较长一段时间，江西少有学子及第，文风不太盛。从唐代到宋、明，陆续有名臣大儒到江西任职，他们重视教化，引领文风，兴建书院学舍，传播文化，促进科举的繁荣。还有当地的名儒，有的是致仕或退职回乡的官员，有的是落第的儒士，统称为乡贤，有的在乡村办学，有的受聘为书院书舍教师。他们都有过参加科举考试的经历和经验，学识较丰富，能有效地教育和指导学子在科举考试中取得佳绩。名师出高徒，凡是科举及第者多的地方，一般都有优质的学宫书院，有优秀的教师。

吉安、抚州的科举在宋代以后全省领先，涌现出许多名人伟士，而且“文章节义并重”。这跟一位名臣有关，他在唐代播下了文化种子，积储能量，到了宋代结出硕果。他就是唐代著名大臣、文学家、书法家颜真卿（709—784），字清臣，陕西西安人。他端庄雄伟、遒劲郁勃的“颜体”，是历代习练书法的范本。他刚正不阿、笃实义烈，一生仕途坎坷。26 岁中进士后入朝为官，因被奸相杨国忠所忌，排斥出朝，任平原太守。唐永泰元年（765），任户部侍郎、检校刑部尚书的他触怒了宰相元载，贬为峡州别驾；继而改任吉州司马，1 年后移任抚州刺史。“安史之乱”爆发，他主盟 17 郡，合兵 30 万，奋力抵抗，牵制敌军，颜氏一门 30 多人以身殉国。平叛入京后，又因直言得罪权臣，由刑部尚书兼御史大夫降为刺史，先后在冯翊、蒲州、饶州、升州任职。后又回朝，官至吏部尚书，封鲁国公，后人多称“颜鲁公”。德宗时，卢杞当国，会同李希烈谋反，卢杞借刀杀人，让年逾七旬的颜真卿去劝谕李希烈，结果颜真卿被拘禁，最终遭缢杀。

吉安市青原山颜真卿书“祖关”匾

这位功显名扬、忠贞不渝的名臣，因不愿依附权贵而被贬，远离长安来到吉州当司马，辅佐本州刺史综理州府事务，也参与军事计划。他深知一个地方要进步，要发展，必须重视教化。为此，他持节守正，勤政为民；又重教化，大兴吉州斯文。他最令人称道的业绩，就是在吉州广置学舍，传播文化。颜真卿离任后，官民感激这位名宦，宋咸淳四年（1268），在府治通判厅西建颜鲁公祠以纪念。周巽在《鲁公祠序》中赞其：“以兴起斯文为己任，益广学舍，聘贤士以淑我吉人，自此庐陵声名文物卓为江表冠。”光绪《吉安府志》载，到了宋代，“吉州多忠节士，盖鲁公流风遗俗”。《江西通志·风俗》中说道：“唐颜真卿从事吉州，铿訇大节，诵慕无穷。”这些评价，可见颜真卿对吉州的影响有多么深远。

颜真卿从大历三年（768）移任抚州刺史，担任主官，至大历七年（772）离任，5年中勤政爱民，多有建树，深得百姓拥戴。当时，抚州城内建有鲁公祠、忠孝堂等设施作为纪念。后来，抚州不少庙宇都供奉鲁公菩萨，岁时祭祀。他领导修建的华陂，化水患为水利，对临川农业的发展贡献很大。后经历代扩修、增修，成为抚州的重要水利设施千金陂。在陂的基础上修筑的千金堤，至今仍是抚河北岸重要的防洪工程。为劝勉读书，他写了《劝学诗》：“三更灯火五更鸡，正是男儿读书时。黑发不知勤学早，白头方悔读书迟。”通俗易懂，流传广泛，深情的劝勉，使莘莘学子受到启迪，抚州终成“才子之乡”、科举胜地。他在抚州写的 5 篇碑记，以《麻姑仙坛记》最著名，被后世誉为“天下第一楷书”。

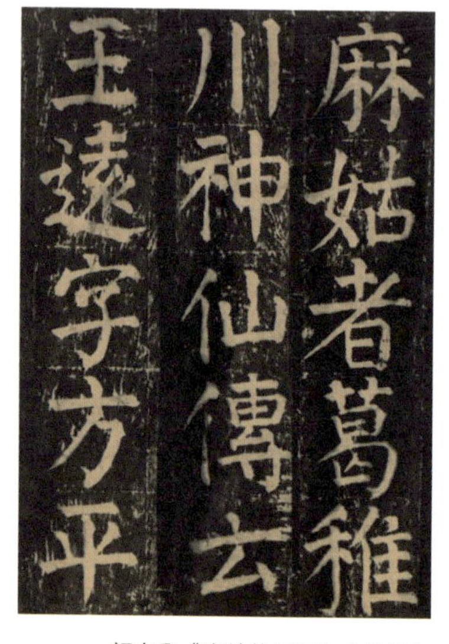

颜真卿《麻姑仙坛记》（局部）

袁州（今江西宜春）在唐代初期以前，文化匮乏，教育落后，可是却在中后期的科举中异军突起，令人惊叹。江西唐代 65 名进士，当时地处偏远山区、人口仅十来万的袁州却占 26 名，卢肇、易重二人先后中状元。这是江西科举史上的佳话和特例。究其原因，主要是重教崇文的风气较浓，还跟一位文坛巨匠传播中原文化、提携袁州学子有关。他就是韩愈（768—824），字退之，号昌黎，河南河阳人，为唐宋八大家之首。他上书谏迎佛骨表，触怒宪宗皇帝，元和十四年（819）正月贬职，流放广东潮州任刺史，同年十月，从潮州移袁州。韩愈在袁州行政务实，兴教育、办学堂，隆科考，兴儒学，倡导求学之风。据《宜春县志》教育卷载：“袁自韩文公倡明道学，嗣是守郡者类以造就人才为心”，“宽刑禁，尚文学，悉奉昌黎为法”。

宜春市昌黎阁

又说：“昔韩昌黎自岭南移守于此，教化既治，州民交口颂之。”学者黄树嘉作诗赞韩愈：“左迁来袁阳，矫矫贤刺史。惠政纪丰碑，书院自公起。”袁州官民把他作为一面镜子、一个标杆，予以纪念缅怀。府衙后堂匾名为“景韩堂”，明朝易为“仰韩堂”。宋仁宗皇祐五年（1053），在袁州城西兴建韩文公祠，又名昌黎祠，多次修复，清嘉庆年间更名为昌黎书院，为袁州最高学府。2002 年，为纪念韩愈做出的历史功绩，宜春城最高山峰袁山之巅兴建了昌黎阁和昌黎亭，以鉴往识来，承前启后。

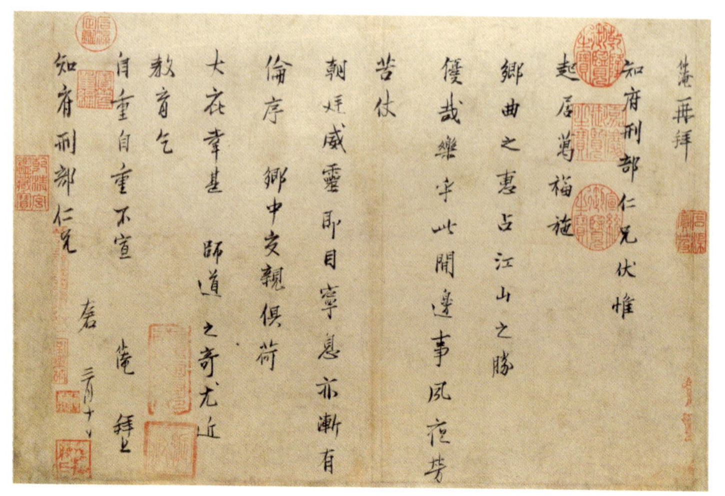

范仲淹《边事帖》

饶州（今江西鄱阳）在江西科举中名列前茅，名臣、文学家范仲淹做了一定贡献。范仲淹（989—1052），以千古名言“先天下之忧而忧，后天下之乐而乐”享誉古今。宋景祐三年（1036），48岁的他因上《百官图》，抨击宰相吕夷简的用人不当，被指为“荐引朋党，离间君臣”，贬知饶州。八月到任，次年底改知润州（今江苏镇江）。虽然只在任一年半的时间，却政绩显赫。范仲淹最关心的是教育事业，一到饶州就为州学选定新校址，兴建校舍。城东南妙果院旁，有文笔峰和砚池，湖水环绕，长堤数里，林木掩映，峰峦峻拔，清幽秀美，校舍就坐落其间。他明确提出，科举以考试取人，而不在考试之先育人的现象是不当的，就如“不务耕而求获”，应该“劝学育才”。于是，他注重选拔优秀教师任教，推行品行教育。新学落成，他常去视察乃至讲学，带动了当地良好文风学风的兴起。范仲淹在兴建州学的文章中写道，建州学于此，20 年当出状元。他的预言果然成真，20 年后饶州出了鄱阳状元彭汝砺。从此，饶州学风炽盛，成为“冠带诗书甲于江南”的文化之州。范仲淹与当地士人、儒士交往频繁，极尽酬唱之乐。一时饶州城内，吟诵盈耳，弦歌不绝，营造向上向美的文化氛围，引导士风学风良性发展。据史载，颜真卿曾在饶州短暂任职（一说只任命未就职）。清代饶州知府锡德说：“饶为颜鲁公、范文正公旧治地，兴养立教，懿铄前徽。”

在江西从政的外省籍名臣大儒中，任职时间最长的、对思想和教育科举影响最大的，是儒家理学思想的开山鼻祖、著名哲学家、文学家周敦颐（1017—1073），字茂叔，湖南道县人，世称濂溪先生。他在江西多地任职共 14 年，占了生命的四分之一，前后生活了近 20 年。宋仁宗康定元年（1040），周敦颐调任分宁（今修水）任主簿，次年到任，后来兼管袁州卢溪镇市征局事务。2 年后任南安军司理参军，又 2 年调任湖南郴州县令。37 岁时改知南昌，过了 2 年赴四川合川任职。嘉祐六年（1061），44 岁时任虔州（今江西赣州）通判，赴任途中于庐山创建濂溪书堂，5 年后调任永州。熙宁四年（1071），54 岁的他由提点广南东路刑狱调任南康军，是年冬以多病为由请求解职。次年回到庐山濂溪书堂退隐，57 岁去世，葬于庐山之麓。周敦颐长久仕宦于江西，也终老于江西，与江西关系密切。他

于都县濂溪书院

在南安收了程颢、程颐两个弟子，后成“程朱理学”的开创者，正是“二程”在学术界的重大建树和影响，才有了周敦颐学术思想的发扬光大。朱熹对周敦颐倍加推崇，赞其“道丧千载，圣远言湮，不有先觉，孰开我人”。周敦颐在江西多地任职，皆有政绩，很得人心。尤其是他高洁的品格受人尊重，所颂荷花“出淤泥而不染，濯清涟而不妖”的品性，给江西人以启迪和引导。他在从政之余热心讲学，阐述理学思想，对江西的文化和教育产生了深远的影响。他就任和“过化”的地方，几乎都建有“濂溪书院”；他的后裔遍布江西，所在地大多有濂溪祠或堂号。尤其是他在当时偏远而文化较弱的赣南山区，推行教化，促进了教育和科举的发展。2016 年 5 月，九江市庐山区更名为濂溪区。

南昌、吉安、赣州等城市，都有阳明路，江西还有不少以“阳明”命名的书院、学校、公园乃至居民社区、商城。明代最著名的思想家、文学家和教育家王阳明(1472—1529)，名守仁，字伯安，虽是浙江余姚人，但江西人对他总是念念不忘，一直怀念他、纪念他。这是因为他在江西完婚，是“南昌女婿”；是因为他总共 30 年为官，有 10 多年在江西度过，建立了不朽功勋；因为他在江西提出并完善“致良知”理论，践行“知行合一”思想，传播儒家学说，教化民众。他的仕途甚至整个人生的转折在江西。正德五年（1510），38 岁的王阳明结束了在贵州龙场 2 年的贬谪生活，任吉安府庐陵知县，首次任地方主官，这是他仕途的关键转折点，只做了 8 个月就被召入京。正德十一年（1516），他升任为都察院左佥都御史，巡抚南、赣、汀、漳，山民暴乱被肃清，坐镇赣南 3 年，制定南赣乡规民约，在各县兴办书院、社学，刻印儒学经典；亲自授徒讲学，四方学者云集，学子纷纷拜师，受其教育熏陶；又修葺濂溪书院，还在大余、龙南、于都等县创办书院、社学共 20 多所。正德十四年（1519），王阳明在江西收获了最大的军功——平定宁王叛乱。嘉靖七年（1529），

吉安市阳明书院

57 岁的王阳明逝于赣南大余县。“江右王门”阳明弟子，在“掌门”邹守益的倡导和领导下，先在安福创办讲会式书院 40 余座，迅速蔓延到吉安各县，遍地开花。后来集中在禅宗祖庭青原山组建青原讲会，一直到清初的 100 多年里，吉安三四代王阳明弟子坚持不懈地在青原山、在庐陵城里办会馆、开讲会，研究、弘扬和传播以心外无理、致良知、知行合一为主旨的王学，成为全国王学研讨的中心和大本营。黄宗羲评价道：“盖阳明一生精神，俱在江右。”明嘉靖后 4 次禁毁书院，变通方式的讲会式传教研学在江西蓬勃兴起，出现了“家孔孟而人阳明”的局面，推动了文化和教育的繁荣。

第六章 英名流芳

YINGMING
LIUFANG

在千年科举中金榜题名的江西俊杰，他们的道德文章、人格品行、前行履历和奋斗业绩，记载在历史典籍和地方史志中，书写在家族谱牒里，铭刻在木石匾牌上，凝结在祠堂牌坊间，流传在百姓的口中，成为赣鄱大地一份厚重而丰富的文化遗产，代代传承不息。尤其是先贤的典型精神风范，值得传承与弘扬。

一、刻苦求学，勇攀高峰

科举考试的层次，像金字塔一般，逐级向上延伸，只有不断攀缘，才能到达上一个台阶，直到塔顶。虽然只有极少数幸运者能实现理想，无数学子名落孙山，或停留在某一个台阶上，但是，他们心中的理想没有泯灭，一直求学不止，奋力登攀，屡败屡战，为此悬梁刺股、囊萤映雪在所不辞。

纵览江西科举名士，大多是在较为艰苦的家庭环境中成长的；有的虽是小康之家，但不很富裕。往往是倾全家之力乃至积累几代的财富，才能供养起一个后代读书和参加各级考试。求学就要花费许多资金，而参加礼部会试，从家乡到京城，要历经数月的跋涉，路费就是一笔不小的开支。虽然有的朝代官府会有些补贴，但只是减轻点负担

宜春市状元洲“求学”雕像

宜春市博物馆“赶考”木雕

罢了。因此，学子们很珍惜难得的学习机会，求学刻苦认真。一旦获得县、州、府学的生员资格，就不放弃夺取科举功名的初衷，失败了再来，一级级向上挺进。

泰和县有两位明代的科举状元，历尽了千辛万苦，是刻苦求学的典范。一位是曾鹤龄，澄江镇西门村曾家人。他从小跟着父兄边耕作边读书，22 岁时，与兄椿龄一同参加乡试，同科中举人。本来应该一鼓作气，第二年进京参加会试。可是，曾鹤龄考虑到父母年迈多病，家里还有田地要耕种，如果兄弟俩都去北京考试，父母就没人照料。他想到兄长年龄大了，进京应试的机会不多，自己还小，来日方长，便主动留在家里料理家务和照料父母嫂侄，让哥哥赴京应试。后来哥哥中了进士，担任了庶吉士，可以照顾家庭了。3 年后，曾鹤龄打算进京应试，没想到哥哥一病不起，英年早逝。他要赡养父母，还要供养兄长的遗孀、幼子，里里外外全靠他操持，哪里还有心思和精力去赴考。过了 2 年，父亲去世了，又守孝 3 年。一再耽搁，快 30 岁了，他还没遂进京应考之愿。为了生计，他开了个小书馆，可学生多是穷人子弟，收的学费较低，维持不了生活。只能又在城边开了家杂货铺，还好生意不错，家里的生活一天天好了起来。他白天忙于事务，晚上坚持读书作文，从不懈怠。过了好几年，侄儿和儿子长大了，可以自食其力了。年近 40 的曾鹤龄把店铺交给他们打理，终于背上行囊，进京参加会试，并一举夺魁。这时，距他中举已有 16 年了。

另一位是曾彦，泰和县沙村镇坪洲村南坑人。出身农家，因为家贫 13 岁才开蒙，父母省吃俭用供他入了县学。没读 2 年，家里无力供养，他便去卖苦力谋生，赚了点学费又回书馆读书。曾彦十六七岁时，年老的父亲对他说：“你也不小了，应该成家立业，挣钱谋生了。穷人家孩子能读上三四年书就算不错了。过了年，你就不要去上书馆了。”曾彦听了，久久没有说话，心里有点难过。老师说过，教了几十年书没有见到过像他这样聪明的学生，说他一定前途无量。可家里太穷，父亲又年老，供养不起他读书，是该自食自力了。他深深地叹了口气，点头同意。可家里只有几亩薄田，收入不多，要多挣钱，只有去富裕人家做帮工。于是，他在圩镇上一家经营土产的店铺当挑夫，帮店主去收购花生、黄麻、芝麻等土产，挑到泰和街上去卖，再从街上挑回布匹、食盐等交给店主经营。在做苦工的同时，他仍挤出时间读书，可是屡次参加县里的乡试，都是名落孙山。直到43岁时，才考中举人。按理说，年纪不小了应该知足了。可他不顾旁人的讥讽，攻书不辍，多次参加全国会试，终于考中状元。此时，曾彦已经54岁，可谓功夫不负有心人。

这两位出身贫寒的状元，以不懈努力的模范行为，成为乡里的表率，激励着后人为理想而奋斗。

清代著名戏曲家、文学家蒋士铨（1725—1785），铅山人，生于南昌，祖籍浙江长兴。乾隆二十二年（1757）进士，任翰林院编修，7年后辞官，主持蕺山、崇文、安定三书院讲席。

蒋士铨精通戏曲，工诗和古文，所著《忠雅堂诗集》存诗2569首，戏曲创作存《红雪楼九种曲》等49种，时称“江西四才子”和“江右三大家”之一。他的父亲蒋坚是秀才，

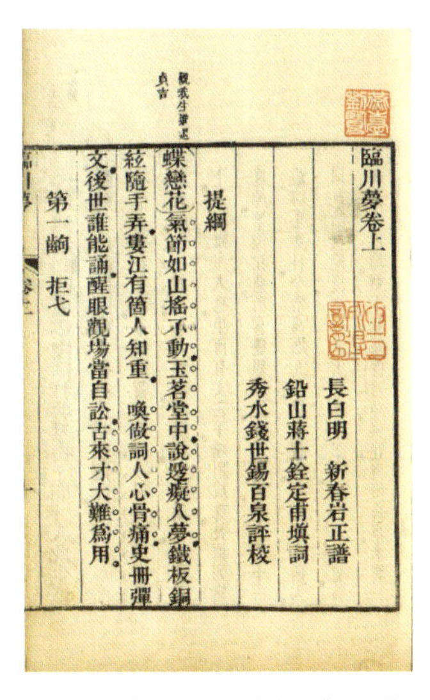
臨川夢卷上
長白明　新春岩正譜
鉛山蔣士銓定甫填詞
秀水錢世錫百泉評校
提綱
蝶戀花 氣節如山搖不動玉茗堂中說逕癡人夢鐵板銅
絃隨手弄隻江有箇人知重　喚做詞人心骨痛史冊彈
文後世誰能誦醒眼觀場當自訟古來才大難爲用
第一齣　拒弋

蒋士铨《红雪楼九种曲·临川梦》

长期在山西泽州为幕僚。母亲知书识礼，工诗善文。蒋士铨出生时，家境清寒，生活艰辛，母亲便折断竹篾一点一画，教他识字。稍稍长大后，教他读诗书，直至能够背诵。酷暑严寒，未尝少倦。甚至蒋士铨在病中，母亲仍把唐诗宋词贴在四壁，抱着他行走其间，教他诵读，以此为游戏。

10 岁时，蒋士铨的父亲为使儿子增长见识和胆量，便将他缚于马背，历游燕、赵、齐、楚间。18 岁时，蒋士铨随父亲回铅山老家，就读于永平北门张氏书塾。成婚后，继续苦读，22 岁中举，生活却依然困顿。26 岁时过年，家中仅五斗存米，生计茫然。正月初二日，南昌知县委派衙吏到蒋士铨家中，请他担任《南昌县志》总纂，生活才无忧。县志书成，他在南昌东街水口巷买了一所住宅，名之为“藏园”，移家于此。他的科举之路也不顺畅，从 23 岁开始赴京会试，3 次落第，直到 33 岁才中进士。但他不畏艰难困苦，不懈求学，见多识广，终成一代名家大师。

虽然科举及第者是凤毛麟角，只有极少数学子能达到目标；但他们孜孜不倦、刻苦读书的精神，树立了榜样，激励更多的后来者。江西古代兴盛的学风，延传到现当代，重教兴学和读书之风依然不衰，涌现诸多名家大师。尤其是 1977 年恢复高考之后，江西的高考质量一直居于全国上游，为国家建设与发展贡献了大量人才。

二、坚守气节，尽显风骨

气节，指人的志气和节操。志气是指朝着一定目标走去的决心和勇气，要求做成某件事的气概；节操是人们平素所执持的志行品德，也就是人格。刚毅的气节是立身处世的脊梁，经过世代培育、弘扬，是支撑中华民族生生不息、弱而复强、衰而复兴的灵魂和支柱。江西科举考试涌现的优秀人物，无一不是尊崇儒学的文人雅士，信奉孔子所倡导“明明德”“修己以敬”的观念，做有修养、有道德、有志向的“君子”。

江西科举名贤刚毅正直的气节是很有名的。首先是宁死不屈、视死如归的民族气节。最典型的是“两山”并雄。号“文山”的状元文天祥，在元军进攻京城，南宋朝廷危亡之际，贪生怕死的文官武将纷纷逃跑，文天祥在赣州起兵勤王。元军兵临城下，文天祥一身虎胆，舌战群酋，令元军将帅胆寒。在皇帝已投降，朝廷已毁灭之时，文天祥誓言“君降臣不降”。两次起兵抗元，“明知不可为而为之”，兵败被俘，宁死不屈，被囚禁 3 年，但面对威逼利诱不为所动，英勇就义。他的浩然正气和高尚的人格，耸起民族精神丰碑；“人生自古谁无死，留取丹心照汗青”等爱国诗文更是民族文化的瑰宝。号“叠山”的谢枋得，率孤军抗元，被俘后决不投降，绝食殉国。还有抗元无望，投“止水池”而献身的江万里，被金国羁留 15 年不背叛祖国的洪皓，力主抗金遭磨难的状元汪应辰等先贤，都以可贵的民族气节流芳千古。

吉安县文天祥纪念馆“文天祥起兵抗元”塑像

状元罗洪先题“高明广大”匾

其次，是在从政和生活中，处世为人坚守气节，坦荡正直，维护人格尊严，胸存君子应有的操守和品性。江西籍的状元、进士众多，涌现了一批批任宰辅、尚书、巡抚、布政使之类的高官大臣。在错综复杂的官场上，他们绝大多数坚持道德操守，以自己的品行和才智来获得成绩和荣誉，鄙视阳奉阴违、见利忘义的小人，不喜欢也不善于去钻营为官之道；以人身依附、见风使舵、曲意逢迎为耻，光明磊落地处世行事。即使仕途受阻，也不愿改变立场，放弃做人的原则，通俗地说就是胸怀正气，富有骨气。

吉水县罗洪先中了状元，走上仕途。本应是前途光明，可他在朝廷任职没几年，借守丧等事，闲居在老家。主要原因是当朝的权奸结党营私，胡作非为，禀性正直的罗洪先不愿与之为伍，只有“敬而远之”。朝廷多次催他返京，他只好遵命。到了朝廷后因上书劝谏嘉靖皇帝不要沉迷道教，被削职为民。回家乡后住在石莲洞里，钻研地理和阳明心学，授徒会友。当时投靠内阁首辅严嵩的官员如过江之鲫，很多人千方百计想进入他的“圈子”都难入其门。严嵩故乡在江西分宜，离罗洪先的老家吉水县不远，他很欣赏状元罗洪先的才华，想把这位同乡招入自己的圈子里，便写信给他，请他回京任要职。罗洪先不愿投靠这位众臣巴结的首辅，回书答道“愿毕生老于林壑之间”。

安福县科举探花邹守益的家乡邻近分宜，也不投靠严嵩。这位首辅为了笼络人心，网罗死党，有意以老乡之谊找邹守益结儿女亲家。邹守益目睹严嵩的胡作非为，决不同流合污。他暗派心腹回家乡传信，让两个未婚的儿子一夜成婚，杜绝了严嵩的非分之想。

明代著名戏剧家汤显祖（1550—1616），20 岁中举人，次年与好友沈茂学一同赴京会试。内阁首辅张居正权倾朝野，听说他俩是才子，有心收揽为己所用。同时还有件私事，他的次子张嗣修才学平平，想借机让儿子和才子结交，以做掩护，同登金榜，以堵闲话。张居正派人到学馆对汤显祖和沈茂学说：“首辅大人久闻二位相公的才名，愿一睹风采，务请明日到相府一叙，便宴款待。”沈茂学大喜道：“想不到首辅大人如此礼贤下士，看得起穷书生，定登门拜见求教。”可汤显祖却冷冷地说：“我无意趋奉权贵，功名全凭本领，不愿以自轻钻营换取。我另有事，茂学兄愿意去只管去，恕不奉陪。”张居正听说汤显祖不买账，怒道：“我少年进士及第，文名满天下，为三朝元老。皇上委政于我，文武百官

抚州市汤显祖纪念馆雕像

依附于我，天下大事唯我一言是决。汤显祖区区小子，不识抬举，敢藐视老夫。”结果，沈茂学和张嗣修都中了进士，名次还靠前，而才华横溢的汤显祖却榜上无名。几年后，张居正病死，满门遭殃，同党被黜。汤显祖再赴京参加会试，考中进士，当了几年小官。但他看透了官场黑暗，毅然辞职回乡，筑居玉茗堂，专注于戏曲创作，写出以“临川四梦”为代表的戏剧。后世评其“绝代奇才，冠世博学”，被誉为“东方莎士比亚”。

明代正统年间，新干县的陈寿（1440—1522）中进士后在户部任职。万氏是皇帝最宠爱的贵妃，连皇后都忌惮她。万妃的兄弟万通，涉嫌走私官盐，朝廷派陈寿去查处。按刑律，走私一车官盐足可诛杀六亲。他通过明察暗访，查实了万通走私五车官盐，尤其还卖给了西辽，有通敌之嫌。陈寿离开京城前，万贵妃特地嘱托他关照，例行公事调查一下就行，她会打通关节摆平其他事。这本是个讨好贵妃的良机，多少人想巴结都没路子。如果陈寿遵照贵妃的指示办事，只要她打个招呼，陈寿加官晋爵就是小事一桩。可是，陈寿认为必须维护国家法规的尊严，不能徇私枉法。他把掌握的证据先向内阁首辅刘吉报告，遇到这涉及贵妃兄弟的大案，刘吉也不敢做主。好友劝告陈寿不要将结果公示，只暗自告诉贵妃就可，可获其好感。可他无所畏惧，如实禀报朝廷。万贵妃嫉恨陈寿，反告他诬告，陈寿被捕下狱。5 年后万贵妃猝死，刘吉重新稽查万通案，真相大白，万通被判死罪，陈寿得以昭雪。

吉水县状元刘俨主持明代京城顺天府乡试时，内阁执政的两个大臣嘱托他关照一下他们参加考试的儿子，录取时名次排前一点，以便有资格参加礼部会试。刘俨说，我只按规定主考，录取以成绩而定。录取名单公布后，两个大臣的儿子均落榜。两个大臣很不高兴，怂恿皇帝复试，命别的考官评卷，结果他们的儿子仍落选。刘俨不徇私情、公正主考的精神，得到了众臣的好评。

明代泰和县的萧桢（1431—1501），中进士后当过布政使、巡抚、刑工二部尚书等要职，为官近40年不媚不谗，不以权谋私。在河南任布政使时，很多钱财、布匹、物品等都由他掌管。有些同僚劝他用公款送与上司，来日便于提升，还说给上司送礼品合情合理，又不是贪为己有，开支也有由头，不用担心被查处，其他地方都是这样做的。萧桢说，公钱再多也是国家的，他只知廉可养心，哪怕无升迁，也不能以钱物奉承。南京为旧都，许多城墙、桥梁、道路等因年久失修，逐渐倒塌，急需修建。萧桢负责监督这些工程，许多权贵想乘机谋取暴利，送钱财给他，想承建工程，都被他一一拒绝。他和下属精心计算费用，不浪费物料，又不妄费劳力，按时按质完成修复工程。清道光《吉安府志》上说他“致性廉洁，令行禁止，风清俗正”。

这种对气节的追求，经科举名士垂范，代代积淀，辐射流传，形成了一种道德风尚，深刻地影响着江西的乡风民风。刚毅正直，注重气节，是江西先贤的主体形象。不管是哪个朝代，不管从事哪个行业，不管是为人还是处世，这种道德风范都应传承弘扬，成为不可或缺的精神法宝。

三、崇仰先贤，功德垂世

安福县枫田镇松田村彭氏状元祠中，有两副气势磅礴、文气浩荡的楹联：

“兄状元，弟会元，六年间压两京一十三省豪杰；左太师，右少师，二派下开四乡千百万代书香。”

“仕历四朝双宰相，恩荣三代六尚书。”

两联颂扬了彭氏宗族杰出的先辈和显赫名望。彭时于明正统十三年（1448）中状元，后任内阁首辅；堂弟彭华6年后又是科举会试的第一名，称作会元，同样入内阁；小弟彭礼22年后又中了进士。状元祠中楹联的内容，一点都不夸张，实事求是。当时全国有13个省和北京、南京两个京都，安福这个远离京城的江西中部山区的两兄弟，两

安福县松田村彭氏状元祠

届科举考试6年间，胜过天下无数豪士俊杰，夺冠折桂，又享一品殊荣，还有三代六尚书，风光无限。这是极其荣耀和值得自豪的盛事，值得在宗祠里宣扬。

安福县彭氏状元祠，是闻名的江西科举名士纪念场所之一。在赣鄱山水之间的城镇、村庄，凡是出过科举状元、进士的地方，只要还有后裔繁衍，几乎都有纪念的祠堂、牌坊或墓茔；祠坊上都有记颂的匾额、楹联。虽然天灾人祸摧毁或损坏了一些纪念物，但等到社会安定下来，人们就会义不容辞地予以修复或重建，有的是屡毁屡建。于是，江西的古村落里，至今存留数不胜数的“进士第”“大夫第”

理學名臣
神與日月同輝

安福县车田村相帅府祠

等建筑，以及“科甲联芳”“科第世家”“世代簪缨”等匾额，尤以吉安和抚州、上饶为盛。这也是江西具有地方特色的文化现象。一座座祠堂、牌坊，一副副楹联，一方方匾额，像凝固的功勋，彰显着宗族的荣耀；更像一册册教科书，感召和教化后人，见贤思齐，继往开来。

安福县枫田镇还有一座恢宏壮阔的车田村周氏宗族的相帅府祠，清光绪六年（1880）为纪念该地周氏始祖周瑜和同宗的南宋名相周必大而建。大门面墙为牌楼式立柱结构，上嵌“相帅府”“翰林进士”“理学名臣”匾额及人物图案浮雕，门外两尊红色石狮工艺精湛。前厅廊梁上悬“父子兄弟叔侄进士堂”金字红底匾，前、中厅顶部两大藻井，雕刻精美。祠内分三直三进二天井，立柱108根，气势恢宏，经三代修缮，主体结构保存完整。

铅山县河口镇横林村的费氏宗祠，又称“萃英堂”，古朴典雅。始建于明代中期，木石结构，大门两侧立有石鼓。祠前为院坪，左为正屋，两侧有配房。中厅上方并悬“状元宰辅”“天官少宰”两块匾额，中为费宏彩色画像，其墓在祠堂右侧。费宏既是科举状元，又是内阁首辅，这在千年科举中罕见。他16岁就是江西乡试的第一名“解元”，也是江西明朝时最年轻的状元，后人极感荣耀。宗祠又是费宏纪念馆，以铭记传扬其功德。

吉安市曲濑镇卢家洲村，是江西第一位状元卢肇后裔的聚居地。族人于明末清初闯荡商海，在湖广一带坐贾行商，

吉安市卢家洲村卢氏宗祠

致富后回乡建宅修桥，改造村貌。其最典型的建筑，是在清嘉庆十年（1805）兴建的一座富丽的卢氏宗祠。卢氏宗祠用大量珍贵的汉白玉做建材，门廊为歇山顶，如意斗拱托起飞檐翘角门楼，斗拱间饰有70幅圆形细雕图案，嵌以格言警句。坊额墨书“科第征贡”4字，标示先祖是状元，以及开基祖卢仲文乡举解元、贡入朝廷的显赫身份。祠堂名为“彝伦堂”，表明卢氏宗亲崇尚遵循日常生活中的伦理道德之意。

婺源县江湾镇晓起村的“进士第”，虽然不太宏阔，但建筑质量高，选材和用料都很考究，砖、木、石雕做工精细，绘画精美，门楹三级合成，显示出官家的威严。进士第的主人江之纪，为嘉庆四年（1799）举人、道光六年（1826）进士，历任江苏金匮知县、江苏直隶知州等职，

吉安县大栗村“世进士第”坊

诰授金紫光禄大夫，赠一品衔，省、府、县志都记载过其政绩。他为官清廉，性好读书，一生藏书达6万卷，朝廷赐匾额“望重儒林”。

吉安县桐坪镇大栗村王家宗祠“世进士第”坊，明成化五年(1469)为纪念数位族人进士及第而建，为木质牌坊，清雍正十年(1732)修葺。牌坊由四根柏木质主梁撑起主体，柱立于两条麻石之上，柱的南北各立一斜柱固定。上为木质斗拱组成燕巢式顶，顶盖小青瓦。斗拱以下二横梁间悬挂“恩荣”牌匾，下嵌木质牌额，上镌“世进士第”楷书阳文。牌坊的梁木、雀替上多有木雕，雕刻精美，线条流畅，雕有鹿、菊花、莲花、卷草等纹饰。

吉安市兴桥镇钓源村的“忠节第”坊，位于礼派祠堂前，为砖质坊。坊额“忠节第”，两边侧匾为“父子登科”和“兄弟连科”匾，彰显着科举曾经的辉煌。父子三人，都是在清代中举后入朝为官。欧阳模和欧阳慎都是兵部郎中，实职为职方司首长，授奉政大夫之称，欧阳萦任内阁中书。父子三人品行端正，任职时为乾隆、嘉庆年间，正是清王朝兴盛之时。两侧楹联为“忠节寸心足万古，文章一字值千金”，坊后的楹联为“忠节家声旧，文章世泽长”，直言牌坊的主旨。背面另一副苏东坡作的楹联“九成翰墨无双品，天下文章第一家”，下联是对欧阳修的赞誉。这些对联既是钓源欧阳氏族崇仰同宗先贤欧阳修，也是对后人

吉安市钓源村“忠节第”坊

的激励。此坊建筑质量一般，属常见的砖石坊，但文化气息浓郁，是钓源人的道德丰碑。

抚州市桐源乡李家村村口，有一座始建于明代的八字形构造青石牌坊，名为“进士第”，至今保存完好，成为一方旅游名胜。“进士第”本是宅院府第，而这座“进士第”却仅为一座牌坊，没有宅邸建筑。村民又称之为“三未”牌坊。牌坊纪念的是先贤李毅，他是明正统元年（1436）三甲第二名，任刑部主事多年，为官清正廉明，有“三未主事”之赞，意为未建一栋华屋、未买一块良田、未收一个奴婢。后人敬其廉洁奉公，建坊纪念。据谱载，此坊于明世宗嘉靖十二年（1533）由江西巡抚、监察御史李循监造。牌坊上部有人物花鸟雕刻图案，嵌“圣旨”两字。

泰和县石壁新居村进士坊，位于严姓祠堂“笃庆堂”前，建于清嘉庆十六年（1811），以纪念恢相公和围纬父子中进士。坊额“贡征甲科”，中门顶端嵌有“山高水长”匾额，以纪念东汉大隐士严子陵。匾文源自范仲淹为纪念严子陵而写的“云山苍苍，江水泱泱。先生之风，山高水长”之句。牌坊背面为“五桂流芳”匾额，以纪念严氏执中公第六世孙天泽、天遂、天觉等五兄弟并举进士。牌坊前原竖有旗杆石两座，正面镌刻了获取功名者的名字，一为“太学生严发章”，一为“嘉庆庚午科明经进士严慕竹”，均在“文化大革命”中被毁。

新干县“传芳”坊，位于县城司前巷5号，两柱一间，原有三层，现存两层。第一层为左右石柱，第二层为牌匾，匾正反面均刻有“传芳”二字，附文“巡抚江西监察御史李循义立，明万历二十七年己亥冬吉旦立”。下刻16行文字，内容为明代乡贡进士、应天府文魁张泰一门四代人的官衔学位。

更为世人关注和影响更广的，是有关状元的纪念场所。出过状元的地方，大多自古以来就有相关的祠、坊、路、府以状元为名。宜春市有纪念卢肇的状元洲公园；进贤县为纪念状元舒芬，将一条街命名为舒芬路；吉安市有纪念文天祥的状元桥；至于状元祠、状元坊等更不胜枚举。永丰县的状元楼和新干县的状元塔保存完好，是同类建筑中的佼佼者。

永丰县城恩江河畔的状元楼，为台门式建筑，具有宋代传统建筑特色，古朴典雅。砖木结构，上下两层，正方形，前后拱门镶嵌在灰墙中，直通两头通道，门额为明崇祯皇帝御书“贤关孔道”四字。前门两墙角设八字形门摆，前门右侧有台阶通往上层。采用歇山式屋顶，盖青色细瓦，飞檐翘角，轻盈灵动。檐下雕饰梅鹿等走兽，古色古香。四面均为花格窗扇，顶置藻井，图案层层展开，雕刻彩绘精美。状元楼始建于宋绍兴中期，当时县令吴南老为纪念科举省元欧阳修和永丰第一个状元董德元而建。当时，董德元的家乡乐安县流坑村属永丰县所辖，据传他殿试第一名，因有官职，按规定不能为状元，就作特例恩赐状元，

永丰县状元楼

实际为榜眼。“状元楼”三字为董德元同科进士朱熹所书。流坑董氏便按永丰状元楼样式复制到村中。明代，永丰出了状元曾棨和罗伦，还有几位解元和会元，文风鼎盛。明成化年间（1466—1487）将建筑修葺一新，改名“三元楼”。清代时，祖籍永丰、先祖迁往山东聊城的后裔傅以渐，为清朝开国后首科状元，清末又出了文状元刘绎，于是恢复状元楼之名。

在新干县城的105国道旁，抬头便能看到高高耸立在城东何家山上的状元塔。这是清同治十年（1871）为纪念宋代状元何昌言修建的塔。何昌言忧国忧民，正直敢言。北宋徽宗时期，内忧外患，奸臣当道，“六贼之首”蔡京

新干县状元塔

为非作歹，陷害忠良。何昌言先后5次弹劾蔡京，何昌言因此多次被免职降职，仍然毫不气馁地与奸贼斗争。为此，建塔以传承状元文脉，颂扬其精神。

状元宰相、民族英雄文天祥的墓茔，是无数崇拜者和文氏后裔顶礼膜拜的圣地。其墓位于吉安市富田镇鹜湖大坑虎形山半山腰，青山环抱，苍松掩映。攀上高高的墓台，可见“古谊忠肝”的门额和“志可凌云文能载道，生当报国死不低头”“天赋忠烈千秋志，祥赐英名万古存”“南宋状元宰相，西江孝子忠臣”的墓联，道尽了墓主的丰功伟绩和高风亮节。每年清明、冬至，当地群众和英雄的崇拜者、海内外的文氏后裔，数百年来不嫌地偏路远，纷至沓来祭奠。其实，墓里并没有文天祥的遗骸，只是“衣冠冢”。1283年1月9日文天祥在北京英勇就义后，江南十义士将文天祥遗体葬在小南门外五里道旁。后来，庐陵义士张千载将文天祥的部分指、发，据说还有血衣，用匣密封，万里迢迢，历尽艰难，背回文天祥的家乡富田安葬。墓中有无遗骸并不重要，就像一座纪念碑，不妨碍后人祭祀和缅怀。尊文天祥为先祖的文氏后裔，更在意的是忠烈气节和浩然正气的承续。英雄精神不朽，就像青山不老，与天地永存。

四、薪火相传，再谱新篇

千年科举，江西以万余名进士、百多名“鼎甲”的宏大规模，以一代代名人伟士的豪华阵容，在我国科举史上占有重要位置。先贤们或研史记志，集古鉴今；或写诗作文，论政抒怀，留下的累累著述，在民族文化宝库中熠熠生辉。他们为国为民的情怀，为理想而奋斗的精神，修身律己的品行，是留给后人宝贵的精神财富。几乎每位状元、进士都有故事在民间流传，为百姓津津乐道。科举制度最终因腐朽而淘汰，科举文化有封建糟粕，但不可否认，其中的精华包含与人类文明发展和社会进步相适应的积极因素，是中华民族优秀传统文化不可或缺的重要内容，千百年来已经融入中华儿女的思想观念和价值体系之中，不可能也无法消除。

文化是民族的魂，是流淌不息的血脉。挖掘研究科举文化，不仅仅是回顾历程，颂扬成就，总结经验，以增强荣誉感和自信心；更重要的是把其中的优秀成分继承下来，丰富新时代思想建设的内容，并弘扬开发，为江西的发展和建设的现实服务。改革开放以来，尤其是21世纪以后，江西汇入中华民族伟大复兴的大潮中，传统文化的研究、弘扬和开发涌起波澜，激起一朵朵绚丽的浪花。从文物遗存的保护、历史遗址的修复、名人纪念场所的兴建，到历史文献的挖掘整理、赣鄱文化的宣传推介，都取得了新的成果。其中在科举的基础研究方面，出版了教育志、状元传略、进士名录、历史名人传等书籍；虽然暂时还未出版江西科举文化研究的专著和普及性读物，但已有良好的开端。

科举文化资源的开发利用，江西各地都积极而为。有的市县区在兴建文化广场、博物馆、休闲公园、居民小区时，或者修复、扩建人文名胜古迹中，注重展示当地状元、进士等科举名士；有的与古村落旅游开发结合，打造科举名人品牌；有的举行各种纪念活动，怀古抚今，扩大影响；有的收集整理科举人物的故事，编辑成通俗读物或乡土教材发行。近10年来，出现一个新的现象，就是在新农村建设、新时代文明实践中心建设、乡村振兴等项目实施之中，不少地方在广场上、祠堂里介绍本村举人、进士等名人事迹，或做雕塑，或文图展览；而

宜春市状元阁

且有的是宗族集资或后裔捐资而成。尤其是状元之乡和进士数量众多的地方，还将其作为一张名片、一个品牌，不遗余力地打造和推介。

宜春城区秀江中心的状元洲，因江西第一位状元卢肇在洲上竖石为铭、苦读诗书而得名。这里绿水环绕，丛林遍布，环境优美，却没有用作商业和房地产开发，而是修建楼台亭阁和雕塑等人文景观，成为公众休闲观光的景区。新建的状元阁雕梁画栋，阁中展示了宜春名人伟士；状元报捷的大型铜雕群像、江西第一状元的牌坊，彰显科举曾经的兴盛。人文和自然融合，吸引游人纷至沓来。

乐安县流坑村“状元楼”匾

从 2012 年至 2022 年，有关部门开展了六批中国传统村落评选，江西共有 414 个古村落入选，其中包括 2003 年后评选的中国历史文化名村。在这些古村名村的保护和旅游开发过程中，除了环境和传统建筑，最重要是对人文历史的挖掘与整理。凡有科举入仕人物，都会浓墨重彩地宣扬，描述其业绩和故事。21 世纪之初先行旅游开发的古村，更是如此。

被誉为“千古第一村”的抚州乐安县流坑村，最壮观的景点是状元楼，楼名为著名理学家朱熹所书；最有名的匾联，是一座明代古屋影壁式砖坊上的“高明广大”匾额和“文章辉列宿，冠冕重南洲”楹联，为吉水状元罗洪先所书；最使村民引为自豪和令游客赞叹的，是一门五进士、两朝四尚书、三十二位进士的人文辉煌。

吉安市吉州区钓源古村，是欧阳修后裔和同宗的聚居地，至少出了 6 位进士和 20 多位举人。在旅游开发时，把散落在田间塘边的科举功名旗杆石寻找出来，将 13 对重新树立在欧阳氏宗祠前的场地上，成为古村最有特色的景点；还有门匾为“父子登科”“兄弟联科”的忠节第牌坊，是游客首选的留影背景。

吉安市渼陂村“翰林第”匾

走进吉安市青原区渼陂古村，最先映入眼帘的，是梁氏宗祠门楼飞檐翘角斗拱中间的“翰林第”鎏金巨匾，导游会绘声绘色地讲述村里清代梁家璋连续多年参加科举考试未中，考到七十来岁，才受皇恩赐为举人进入翰林院的动人故事。

各地打造开发科举进士和状元文化的新项目，纷纷登场，方兴未艾。鄱阳县滨田水库旁，有座纪念鄱阳唯一文科状元彭汝砺的纪念馆，介绍彭汝砺的生平，陈列其诗文、奏疏及字画、墓碑志等历史文献。宋代“鄱阳三彭”汝砺、汝霖、汝方，一门三进士有口皆碑。誉为名臣、忠臣、贤臣的彭汝砺，不畏权贵，两次因秉公直言遭贬，而为国忠心不改。2012 年，当地彭姓族人集资 200 多万元建成此馆，成为当地新的文化景观。

2013 年，吉安启动白鹭洲书院公园改造工程，按清代格局复建系列校舍，扩建附属设施，2018 年建成开放。公

修水县双井村黄庭坚故居

园重雕书院杰出学子文天祥中状元时的石像，书院山长、状元刘绎书写的楹联装饰一新，还展示了吉安科举的成果，成为吉安最具地方人文色彩的文化旅游观光区。2017 年年底，吉安城南新建的庐陵老街开街，最高最典雅的建筑是状元楼，陈列吉安 17 位状元、18 位宰辅的事迹。

黄庭坚的故里九江修水双井村，仅宋代黄氏家族就出了 48 位进士，其中 4 人官至尚书。于是，双井村打出“华夏进士第一村”的品牌，修复和新建系列景观。以黄庭坚墓为主的山谷园，南面建有两层牌坊式门楼，进门可见黄庭坚的石雕，后为墓茔。还有黄庭坚故居、高峰书院、进士墓群、明月湾、十里秀水、双井、仙人垂钓台、笔架山等 20 余处自然和人文景观。双井村将保护和开发并举，被授予全国生态文化村、江西省乡村旅游村等荣誉称号。

吉安市庐陵老街状元楼

历史文化资源不可再生，却能持续开发利用。对待民族优秀传统文化，要“坚持创造性转化、创新性发展”。传承、弘扬、转化、发展科举文化中的优秀成分，江西已经迈出了雄健的步伐，不断取得新成果。在新的时代里，科举文化的硕果将愈久弥香。

后记

江西是千年科举的胜地，有关研究著述数不胜数，但基本是区域性、阶段性或个体研究，缺乏整体介绍的普及性读物。2022年江西省委宣传部决定出版《江西文化符号丛书》第二辑，其中的《科举文化》委托我撰写，深感厚爱与荣幸，也面临挑战。这需要从浩瀚的文献中搜寻资料，参考大量论著，梳理归纳，整理出纲目，与编辑交流后数次修订，经审定才开始撰稿；文稿上交后有的篇章还做了较大修改。按照编写方案和体例，要避免论证性介绍和学术化表述，需化繁为简，就重避轻，通俗易懂，这也非易事。虽然如此，我尽力按编写要求，在介绍科举制度历史背景的基础上，反映江西科举的历史、成就和特色，突出典型人物的精神风范和科第世家的荣耀，探究科举兴盛的根源及其传承弘扬的价值，力求从不同的角度呈现江西科举的面貌。幸而得到出版单位的不懈指导和修订，使拙作能如期交卷。

本书写作汲取了不少学者的研究成果。参考的主要著作有江西省地方志编委办编著的《江西进士》，周銮书主编的《江西历代名人传》，林白、朱梅苏著《中国科举史话》，李天白著《江西状元谱》等，以及多篇有关江西进士、地域研究的论文。因参考的专著和文论较多，无法全部列举，请作者原谅。凡引用原文的，都随文注明了出处。毛静、余圣才、段亚鹏、李波、张昱煜、朱建华、刘黎霞等师友提供了珍贵照片，因编排要求所限未一一署名。对上述作者和给予我帮助的各位同仁特致谢忱。

以区区数万字反映江西千年科举丰富而繁复的历史，的确力有不逮，难免挂一漏万，顾此失彼；又因学识不足，定存在纰漏甚至谬误，敬请读者指正。

李梦星

2022 年 10 月

图书在版编目（C I P）数据

科举文化 / 李梦星著 . -- 南昌：江西美术出版社：江西人民出版社，2023.3

（江西文化符号丛书）

ISBN 978-7-5480-9071-7

Ⅰ . ①科… Ⅱ . ①李… Ⅲ . ①科举制度—文化—江西
Ⅳ . ① D691.3

中国版本图书馆 CIP 数据核字（2022）第 227854 号

出 品 人　刘　芳
项目统筹　方　姝
责任编辑　肖　丁　刘　挺　梁雨寒
数字编辑　陈冬华
责任印制　吴文龙　张维波
书籍设计　梅家强　林思同　先鋒設計
新媒体制作　江西中文传媒数字出版有限公司

江西文化符号丛书
科 | 举 | 文 | 化
JIANGXI WENHUA FUHAO CONGSHU
KEJU WENHUA

著　者：李梦星
出　版：江西美术出版社　江西人民出版社
地　址：南昌市子安路 66 号
邮　编：330025
电　话：0791-86565819
网　址：www.jxfinearts.com
经　销：全国新华书店
印　刷：浙江海虹彩色印务有限公司
版　次：2023 年 3 月第 1 版
印　次：2023 年 3 月第 1 次印刷
开　本：710 mm×1000 mm　1 / 16
印　张：15
ISBN 978-7-5480-9071-7
定　价：75.00 元

赣版权登字 -06-2023-02